MOLIÈRE

L'AVARE

NOTICES ET NOTES

PAR

CH.-M. DES GRANGES

Docteur ès lettres
Professeur de Première au Lycée Charlemagne

NOUVELLE ÉDITION
augmentée de Sujets de composition

PARIS
LIBRAIRIE A. HATIER
8, rue d'Assas, VIᵉ

N° 4

NOTICE SUR MOLIÈRE

A Paris, dans le quartier des Halles, naquit en janvier 1622, Jean-Baptiste Poquelin, fils d'un tapissier du Roi. Le père Poquelin, bien qu'il n'eût d'autre ambition que de voir son fils tapissier comme lui, tint à lui faire donner la meilleure éducation, et l'enfant suivit les classes du célèbre Collège de Clermont (Louis-le-Grand). Il y fréquenta la jeune noblesse du temps, et plus tard il devait retrouver comme protecteur son ancien condisciple le prince de Conti. Mais surtout, il y apprit, sous la direction d'excellents maîtres, à lire et à comprendre les auteurs latins. Une tradition veut qu'il ait eu ensuite pour professeur de philosophie Gassendi, puis qu'il ait fait son droit.

En 1643, le jeune Jean-Baptiste Poquelin, renonçant au métier et à la charge de son père, se fit comédien. Avec la famille Béjart, il fonda l'Illustre Théâtre. Cette troupe assez inexpérimentée donna, sans grand succès, des représentations d'abord au Jeu de Paume des Métayers (rue Mazarine), puis au Jeu de Paume de la Croix-Noire, au Port-Saint-Paul (quai des Célestins). C'est alors que J.-B. Poquelin prend le nom de Molière.

De 1645 à 1658, Molière parcourut les provinces avec sa troupe. On sait qu'il a joué à Bordeaux, à Toulouse, à Montauban, à Narbonne, etc... Vers 1650, il semble avoir établi son quartier général à Lyon, d'où il va donner des représentations dans différentes villes du Midi, notamment à Pézenas et à Montpellier, pendant la réunion des États du Languedoc : il est alors protégé par le prince de Conti. C'est à Lyon, en 1653, que Molière compose sa première comédie originale, l'Étourdi, suivie en 1656 du Dépit amoureux. Son répertoire comprend les tragédies à la mode, celles de Corneille, Rotrou, du Ryer, etc..., des comédies des mêmes auteurs, et de nombreuses farces, qu'il emprunte aux Italiens ou aux traditions populaires.

Molière débute à Paris en 1658, devant la cour. Monsieur, frère du Roi, lui donne la salle du Petit-Bourbon, puis celle du Palais-Royal. Désormais, son histoire se confond avec celle de ses pièces, dont voici les principales :

1659 : Les Précieuses ridicules, — 1661 : L'École des maris, — 1662 : L'École des femmes, — 1663 : La Critique de l'École des femmes *et* L'Impromptu de Versailles, — 1664 : Tartuffe (*en 3 actes*), — 1665 : Dom Juan, — 1666 : Le Misanthrope, — Le Médecin malgré lui, — 1667 : Tartuffe (*en 5 actes, interdit*), — 1668 : Amphitryon, — L'Avare, — 1669 : Tartuffe (*autorisé*), — 1670 : Le Bourgeois gentil-homme, — 1671 : Psyché, — Les Fourberies de Scapin, — 1672 : Les Femmes savantes, — 1673 : Le Malade imaginaire.

Pendant la quatrième représentation du Malade imaginaire *le 14 février 1673, Molière, qui souffrait depuis longtemps de la poitrine et de l'estomac, eut une crise; transporté chez lui, rue de Richelieu, il expira quelques heures après. Sa veuve dut demander au Roi lui-même l'autorisation de lui faire des funérailles religieuses, car l'Église excommuniait alors les comédiens.*

Molière avait épousé, en 1662, Armande Béjart, qui joua sur son Théâtre les rôles de grande coquette. *Louis XIV avait été le parrain de leur premier enfant. D'ailleurs, la protection du Roi ne manqua jamais à Molière, qui put ainsi ridiculiser librement sur la scène les* petits marquis *et les* faux dévots. *Il est vrai que le poète dut souvent travailler à des ouvrages hâtifs composés pour les divertissements de la cour.*

Après la mort de Molière, Armande Béjart épousa le comédien Guérin, et transporta sa troupe rue Guénégaud. En 1680, cette troupe fut, par ordre royal, réunie à celle de l'Hôtel de Bourgogne, et la nouvelle société prit le nom de Comédie-Française : *le répertoire de Molière est resté, depuis plus de deux siècles, son principal titre à l'estime du public, au point qu'on l'appelle souvent* La Maison de Molière.

———————

NOTICE SUR L'AVARE.

(9 septembre 1668.)

LES SOURCES. — Plaute avait déjà fourni à Molière son *Amphitryon*; et l'on peut dire que c'était là plus qu'une *imitation*, une véritable *adaptation*. Dans les éditions de Plaute, les pièces sont disposées par ordre alphabétique. Après *Amphitruo* vient *Asinaria*, puis *Aulularia*, la comédie *à la petite marmite*, ou plus simplement *la Marmite*. Tout en étudiant le texte d'*Amphitryon*, Molière dut lire ou relire l'*Aululaire* et y découvrir le sujet d'une pièce à la fois amusante et profonde. Peut-être y travailla-t-il en même temps qu'à son *Amphitryon*; et par là on expliquerait, nous l'avons dit, qu'il se trouve dans la prose de l'*Avare* un assez grand nombre de vers blancs, partis d'une main qui rythmait alors la libre versification d'un autre ouvrage, et qui, en changeant de texte et de *registre*, conservait encore l'élan qu'elle s'était donné.

Or, voici ce que Molière vit dans l'*Aululaire* : — Un pauvre homme, nommé Euclion, a trouvé, dans sa cheminée, une marmite pleine d'or, qu'y avait cachée jadis son grand-père. Depuis cette découverte, Euclion est, comme le savetier de La Fontaine, absolument affolé. Au moment où s'ouvre la pièce, il chasse de chez lui sa vieille servante Staphyla, qu'il soupçonne de l'épier; puis il rentre seul, pour visiter son or. Rassuré, il revient, et permet à Staphyla de pénétrer de nouveau dans la cuisine; il va se rendre au Forum, où l'on fait une distribution de menue monnaie aux pauvres, et il recommande à la servante de ne laisser entrer personne. Cependant un voisin d'Euclion, le riche Mégadore, arrive avec sa sœur Eunomie. Ce Mégadore est un vieux garçon, qui songe à se marier; mais ce qu'il craint surtout, c'est d'avoir une femme hautaine et dépensière; aussi a-t-il résolu de demander en mariage la jeune Phédra, fille du pauvre Euclion. Il ignore que son neveu Lyconide, fils de sa sœur Eunomie, aime Phédra et en est aimé. — Euclion revient; Mégadore fait sa demande, qui est accueillie avec défiance : Euclion est persuadé que son voisin a surpris son secret et qu'il veut épouser sa fille parce qu'il la sait riche. Il se rassure enfin; il stipule qu'il mariera Phédra *sans dot*, que la noce se fera aux frais de Mégadore : celui-ci accepte tout. — Arrivent des cuisiniers envoyés par

Mégadore, pour les apprêts du festin; ils s'installent dans la cuisine; mais Euclion, les entendant parler d'une marmite, se précipite sur eux et les chasse en les rouant de coups. — Puis il emporte son trésor, et va le cacher dans le temple de la Bonne Foi. Strobile, esclave de Lyconide, était dissimulé dans un coin du jardin. Euclion le découvre, le soupçonne, l'interroge, le fouille; et, après l'avoir renvoyé, il reprend sa marmite, et va l'enfouir dans le bois du dieu Silvain. Strobile l'a suivi, et perché sur un arbre, il a vu le vieillard enterrer son or; après son départ, il s'en empare. Euclion, que la défiance ramène encore vers le bois, ne trouve plus sa marmite. Alors, dans un monologue désespéré, il se plaint à tous les échos. Lyconide survient. Il s'imagine que le vieillard a découvert son intrigue avec sa fille Phédra, qu'il a enlevée; de là un quiproquo : Euclion parle du trésor; Lyconide, de Phédra. — Cependant Strobile annonce à Lyconide, son maître, la trouvaille qu'il a faite, et lui demande de l'affranchir. Lyconide veut l'obliger à rendre la marmite... Ici s'arrête la pièce de Plaute. Au XVᵉ siècle, un érudit, Urcéus Codrus, a terminé la comédie incomplète. Dans le dénouement qu'il imagina, et qui n'a en soi rien d'invraisemblable, Lyconide rend à Euclion son trésor et épouse Phédra.

En lisant l'*Avare*, on démêlera aisément quels sont les emprunts de Molière. On jugera qu'ils se réduisent à peu de chose dans l'intrigue et presque à rien dans les caractères. Nous indiquerons au fur et à mesure les passages imités.

Mais Molière a fait également usage, dit-on, d'une comédie de Larivey, *les Esprits* (1579). Larivey avait seulement traduit l'*Aridosio*, dont l'auteur original était Lorenzino de Médicis. Dans cette comédie, nous voyons, comme dans *les Adelphes* de Térence, deux frères, dont l'un, Séverin, a deux fils, tandis que l'autre, Hilaire, n'a pas d'enfants. Celui-ci, très généreux, a adopté et élève avec grande indulgence son neveu Fortuné, tandis que Séverin, très avare, a conservé et traité fort durement son fils Urbain. Les seules situations qui puissent offrir une analogie avec l'*Avare* sont : — le vol d'une bourse pleine d'or que Séverin avait déposée dans le creux d'un mur, parce qu'il n'osait pas rentrer dans sa maison, hantée, croyait-il, par des *esprits* (imitation de la *Mostellaria* de Plaute); ce vol est opéré par le valet de Fortuné, Frontin, qui met des cailloux dans la bourse de Séverin à la place des écus d'or; — le désespoir de Séverin quand il découvre le vol, et son monologue imité de celui d'Euclion; — le *quiproquo* au sujet de la bourse volée et de Félicienne. la jeune fille aimée d'Urbain — ; Séverin consent au mariage quand on lui rend l'or qu'on lui avait dérobé.

Ainsi, pour *les Esprits* comme pour l'*Aululaire*, ni la constitution générale de la pièce, ni les caractères, ne permettent d'affirmer que Molière a été, dans l'*Avare*, un imitateur. Il n'a emprunté que quelques situations particulières, et encore les a-t-il profondément modifiées.

Une autre comédie de Larivey, *la Veuve*, traduite de Nicolo Buonaparte, a pu donner à Molière quelques détails du rôle de Frosine. Enfin, sans parler de plusieurs autres comédies italiennes qui lui ont fourni des traits épars, Molière est redevable à *la Belle Plaideuse* de Boisrobert (1654) de deux passages : le fils emprunteur se rencontrant avec le père usurier, et le *mémoire* contenant la liste des objets que le prêteur veut faire accepter à l'emprunteur pour une partie de la somme prêtée. Mais si l'on compare ces scènes, que nous citons en note, avec celles de Molière, on verra comment Molière sait imiter.

Faut-il croire que le *contemplateur* ait tiré de la réalité les traits essentiels de son Harpagon, et que Poquelin père en ait été l'original ? Tout en admettant que Molière ait pu fondre dans ce rôle quelques souvenirs de ses rapports avec son père, on ne saurait admettre qu'il ait prétendu le jouer ainsi. A cette époque, il venait de lui prêter de l'argent, de la façon la plus délicate, presque *incognito*. Et le père Poquelin, dont la santé était fort chancelante, devait mourir quelques mois après (fév. 1669). Le moment eût été mal choisi. Rien d'ailleurs ne serait plus contraire à ce que nous connaissons du caractère de Molière, que de le supposer capable de caricaturer son vieux père sous un personnage aussi odieux.

La constitution de « l'Avare ». — Molière n'a voulu représenter ni un pauvre diable à qui la possession inopinée d'un trésor fait tourner la tête, comme Euclion, ni un grotesque thésauriseur comme Séverin, mais, dans toute la force du terme, un *avare*. Il conçoit le caractère complet, typique, symbolique, de l'homme pour qui l'argent, en soi, est *tout*.

En plaçant cet avare dans une situation où des devoirs d'état et des sentiments de nature devraient exclusivement le guider, et en montrant que partout et toujours son seul amour de l'argent le tyrannise ou l'aveugle, Molière fera ressortir victorieusement la *déformation* causée par ce vice. En effet, il fait de son Harpagon : 1° un homme très riche; 2° un père de famille; 3° un vieillard amoureux d'une jeune fille.

1° *Harpagon est riche.* — Il a une maison montée : un intendant, des valets nombreux, un carrosse et des chevaux. Il se croira tenu d'inviter le seigneur Anselme et d'offrir à souper à Mariane. C'est évidemment un *gros bourgeois*, peut-être un ancien magistrat, en tout cas un de ces hommes que leur situation sociale héréditaire oblige à une certaine représentation. Mais... les livrées de ses laquais sont en mauvais état; il lésine sur le menu de son dîner; il ne nourrit pas ses chevaux; il supprime l'emploi de cocher et le donne en supplément à son cuisinier, etc... Il est donc *avare*, c'est-à-dire qu'*il a de l'argent, mais qu'il ne veut pas le dépenser*, et qu'il enrage d'être tenu par son rang à certains frais. Cet argent, non seulement il ne le dépense pas, mais encore il le place à gros intérêts, à usure. Harpagon n'est plus le naïf qui enterre une marmite ou qui cache une bourse au creux d'un mur. C'est tout à fait par hasard (et pour le besoin de la comédie) qu'il a chez lui, au moment où nous faisons sa connaissance, dix mille écus en or dans une cassette, et qu'il cache cette cassette dans son jardin. Non. Harpagon place ses fonds à 25 pour cent et avec tous les raffinements de la plus crasse usure. Encore oblige-t-il l'emprunteur à accepter pour argent comptant des « peaux de lézards remplies de foin » et des « gros mousquets avec les fourchettes assortissantes ». Il a quelque part « un ample magasin de hardes », constitué peut-être par des saisies ou par des gages sur lesquels il a prêté et qu'il a refusé de rendre, bien qu'il ait été remboursé. — Ainsi, on ne saurait excuser son amour de l'argent par des privations antérieures et par l'inexpérience. Chez lui, c'est bien un vice.

2° *Harpagon est père de famille.* — Dans Balzac, Gobseck est un vieux célibataire; peu nous importe qu'il vive en mendiant, au milieu de ses tripotages usuraires. Grandet a une fille, mais Eugénie est habituée par ses origines à l'économie, et rien de matériel ne lui manque; d'ailleurs Eugénie a sa mère, qui la choie. Mais Harpagon a un fils et une fille, et il est veuf. Sa femme était riche, puisque Cléante parle du « bien de sa mère, qu'on ne peut lui ôter »; et, du vivant de la femme, il est probable que les enfants ont été élevés selon leur rang. Or, depuis que Harpagon est devenu maître de la fortune, Élise et Cléante sont les victimes de cette « épargne sordide ». Cela ne serait rien, s'il ne s'agissait que de leur toilette et de leur nourriture. Mais Molière, pour nous faire sentir jusqu'à quel point un vice peut *déformer* le cœur, nous montre un Harpagon ne considérant ce fils et cette fille que comme des obstacles à sa *fonction normale*, à sa *vocation*, qui est l'*argent*. De ce fils et de cette fille il ne s'occupe que pour les écarter de son chemin, pour s'en débarrasser. Sa fille a noué une intrigue avec un jeune homme inconnu ,qui l'a *sauvée des eaux*... Le père n'en a rien su. Et comment voulez-vous qu'il le sache ? Au moment où sa fille se noyait, il était sans doute en conférence avec Me Simon et avec son notaire, pour la rédaction d'un acte de prêt dont tous les termes devaient être pesés : on ne saurait trop surveiller le placement de ses écus. Le jeune *sauveteur* est entré chez lui comme intendant; et l'intrigue continue. Valère et Élise se sont signé une promesse de mariage. (La même situation a été reprise par Octave Mirbeau dans *les Affaires sont les affaires*, comédie dont le titre pourrait servir de sous-titre à *l'Avare*). Quant au fils, il est en train de devenir un assez mauvais sujet : il sent que son père manque à ses devoirs, il perd tout respect à son égard, et il est le mauvais fils d'un mauvais père. Faut-il, avec Jean-Jacques Rousseau, accuser Molière d'avoir trop *poussé* le rôle de Cléante et de n'avoir pas assez ménagé en Harpagon la dignité paternelle qui, malgré tout, reste sacrée ? Peut-être. En tout cas, si les mauvais fils risquent trop de s'en autoriser, la leçon est juste à l'égard des mauvais pères.

3° *Harpagon est amoureux*. — Si l'amour est de toutes les passions la plus généreuse, la plus *magnifique*, elle devrait l'être à plus forte raison chez ce vieillard qui veut épouser une jeune fille. Mariane est pauvre; elle ne consent à écouter la proposition de mariage d'Harpagon que pour sauver sa mère du dénûment. Un Mégadore eût essayé au moins de faire entrevoir à la jeune fille une vie aisée et confortable. Il se serait ingénié à lui rendre le sacrifice moins dur par sa large bonté. Mais le seigneur Harpagon est « de tous les humains le moins humain ». Pas plus que la paternité, l'amour ne le détourne de ce qui est, encore une fois, sa *fonction*. — Mais alors pourquoi, dira-t-on, ne cherche-t-il pas à épouser quelque riche veuve, qui lui apporterait encore de l'argent ? Pourquoi choisir cette pauvre Mariane ? — Nul n'a mieux saisi que Molière l'étrange complexité de notre nature, et cette loi de compensation qui est, pour les uns, la revanche, et, pour les autres, le châtiment. Harpagon tombe amoureux; c'est un fait, c'est une vengeance de la nature : et l'objet de cet amour est une fille *sans dot*. Les contraires s'attirent. Sans doute, Harpagon se débat contre cette *fatalité*. Il s'inquiète de ce que Mariane pourrait lui apporter d'argent. Mais, enfin, il la prendra pauvre, s'il arrive à la décider. D'ailleurs, soyez sûrs qu'en réfléchissant bien, il s'y résoudra sans trop de peine. Que lui faut-il dans sa maison sur laquelle il règne en tyran ? Non pas une riche matrone qui ferait sonner son propre argent, et qui exigerait peut-être qu'on donnât de l'avoine aux chevaux et des livrées neuves aux valets; mais une sorte de gouvernante qui, lui devant tout, sera soumise et servile, et qui sera pour lui une intendante qu'il ne paiera point. — Tout, dans *l'Avare*, se lie et se conditionne. Et il n'est pas un trait, si singulier qu'il paraisse au premier abord, qui ne concoure, comme dans *Tartuffe*, dans *le Bourgeois gentilhomme*, dans *le Malade imaginaire*, à démontrer que le réel danger d'un vice ou d'une manie est de nous détourner de nos devoirs de nature et de société.

Les représentations. — *L'Avare* n'obtint pas, auprès du public, un succès immédiat en rapport avec sa valeur. Soit que cinq actes de prose aient dérouté les habitudes des spectateurs (comme pour *Dom Juan*), soit que le caractère d'Harpagon ait donné à la pièce un aspect trop dramatique, trop *noir*, toujours est-il que *l'Avare*, aujourd'hui si souvent représenté, n'attira pas d'abord la foule. — Il fut joué neuf fois seulement entre le

9 septembre et le 9 octobre 1668, puis repris le 14 décembre. Mais à partir de cette date et jusqu'à la mort de Molière, *l'Avare* est représentée une quarantaine de fois. C'est donc une de ces pièces solides, qu'on pouvait jouer chaque année, et dont les connaisseurs goûtaient les sérieuses beautés.

Le rôle d'*Harpagon* était tenu par Molière, qui, souffrant alors de la poitrine, avait transformé son infirmité, sa *fluxion*, en un trait comique. On sait également, par une allusion à sa *boiterie*, que Louis Béjart tenait le rôle de *La Flèche*. Pour les autres, on ne peut faire que des conjectures. Il est probable que La Grange jouait *Cléante*. Armande Béjart était *Élise* ou *Mariane*.

L'AVARE

PERSONNAGES ET ACTEURS

HARPAGON, père de Cléante et d'Élise, et amoureux de Mariane............	Molière.
CLÉANTE, fils d'Harpagon, amant de Mariane........................	La Grange.
ÉLISE, fille d'Harpagon, amante de Valère...............................	Mlle Molière.
VALÈRE, fils d'Anselme, et amant d'Élise........................	Du Croisy ?
MARIANE, amante de Cléante, et aimée d'Harpagon......................	Mlle de Brie.
ANSELME, père de Valère et de Mariane	?
FROSINE, femme d'intrigue..........	?
MAITRE SIMON, courtier...........	?
MAITRE JACQUES, cuisinier et cocher d'Harpagon......................	Hubert.
LA FLÈCHE, valet de Cléante.......	L. Béjart.
DAME CLAUDE, servante d'Harpagon.	
LA MERLUCHE } laquais d'Harpagon. BRINDAVOINE	

Le Commissaire et son Clerc.

La scène est à Paris.

ACTE PREMIER

SCÈNE I

VALÈRE, ÉLISE

Valère. — Hé quoi ? charmante Élise, vous devenez mélancolique, après les obligeantes assurances que vous avez eu la bonté de me donner de votre foi ? Je vous vois soupirer, hélas ! au milieu de ma joie ! Est-ce du regret, dites-moi, de m'avoir fait heureux, et vous repentez-vous de cet engagement où [1] mes feux ont pu vous contraindre [2] ?

Élise. — Non, Valère, je ne puis pas me repentir de tout ce que je fais pour vous. Je m'y sens entraîner par une trop douce puissance, et je n'ai pas même la force de souhaiter que les choses ne fussent pas. Mais, à vous dire vrai, le succès [3] me donne de l'inquiétude ; et je crains fort de vous aimer un peu plus que je ne devrais.

Valère. — Hé ! que pouvez-vous craindre, Élise, dans les bontés »[4] que vous avez pour moi ?

Élise. — Hélas ! cent choses à la fois : l'emportement d'un père, les reproches d'une famille, les censures du monde, mais plus que tout, Valère, le changement de votre cœur, et cette froideur criminelle dont ceux de votre sexe payent le plus souvent les témoignages trop ardents d'une innocente amour [5].

Valère. — Ah ! ne me faites pas ce tort de juger de moi par les autres. Soupçonnez-moi de tout, Élise, plutôt que de manquer [6] à ce que je vous dois : je vous aime trop pour cela, et mon amour pour vous durera autant que ma vie.

---

1. *Où*, se trouve souvent, au XVIIᵉ siècle, pour *auquel*. — **2.** Cet *engagement* est une promesse de mariage que Valère et Élise ont signée tous deux : il n'en sera question, d'une manière moins vague, qu'au dénouement (Acte V, sc. 3) — **3.** *Succès*, au sens général d'*issue*, est fréquent au XVIIᵉ siècle. — **4.** *Dans les bontés*, au milieu des bontés. **5.** *Amour* est souvent féminin, au XVIIᵉ siècle. — **6.** Ellipse pour... « que de me soupçonner de manquer... ».

Élise. — Ah! Valère, chacun tient les mêmes discours. Tous les hommes sont semblables par les paroles; et ce n'est que les actions qui les découvrent différents.

Valère. — Puisque les seules actions font connaître ce que nous sommes, attendez donc au moins à juger [1] de mon cœur par elles, et ne me cherchez point de crimes dans les injustes craintes d'une fâcheuse prévoyance. Ne m'assassinez point, je vous prie, par les sensibles coups d'un soupçon outrageux, et donnez-moi le temps de vous convaincre par mille et mille preuves, de l'honnêteté de mes feux.

Élise. — Hélas! qu'avec facilité on se laisse persuader par les personnes que l'on aime! Oui, Valère, je tiens votre cœur incapable de m'abuser. Je crois que vous m'aimez d'un amour véritable et que vous me serez fidèle; je n'en veux point du tout douter, et je retranche [2] mon chagrin aux appréhensions du blâme qu'on pourra me donner.

Valère. — Mais pourquoi cette inquiétude?

Élise. — Je n'aurais rien à craindre, si tout le monde vous voyait des yeux dont je vous vois, et je trouve en votre personne de quoi avoir raison aux choses [3] que je fais pour vous. Mon cœur, pour sa défense, a tout votre mérite, appuyé du secours d'une reconnaissance où [4] le Ciel m'engage envers vous. Je me représente à toute heure ce péril étonnant qui commença de nous offrir aux regards l'un de l'autre; cette générosité surprenante qui vous fit risquer votre vie pour dérober la mienne à la fureur des ondes; ces soins pleins de tendresse que vous me [5] fîtes éclater après m'avoir tirée de l'eau, et les hommages assidus de cet ardent amour que ni le temps ni les difficultés n'ont rebuté, et qui vous faisant négliger et parents et patrie, arrête vos pas en ce lieu, y tient en ma faveur votre fortune déguisée, et vous a réduit, pour me voir, à vous revêtir de l'emploi de domestique [6] de mon père. Tout cela fait chez moi sans doute un

---

1. *A juger*, nous dirions : à *en juger*. — 2. *Je retranche*, je réduis... à. — 3. *Aux choses*, dans les choses. La grammaire du XVIIᵉ siècle emploie *à*, *aux*... là où nous mettons *de*, *par*... *avec*... — 4. *Où*, à laquelle. — 5. *Me*, pour moi, en ma faveur. — 6. *Domestique*, ce mot signifiait alors : attaché à la maison *(domus)*, et se disait non seulement d'un valet, mais d'un intendant, et même d'un gentilhomme de la chambre.

merveilleux effet; et c'en est assez à mes yeux pour me justifier l'engagement où j'ai pu consentir; mais ce n'est pas
assez peut-être pour le justifier aux autres [1] et je ne suis
pas sûre qu'on entre dans mes sentiments.

Valère. — De tout ce que vous avez dit, ce n'est que
par mon seul amour que je prétends auprès de vous mériter
quelque chose; et quant aux scrupules que vous avez, votre
père lui-même ne prend que trop soin de vous justifier à
tout le monde; et l'excès de son avarice, et la manière austère
dont il vit avec ses enfants pourraient autoriser des choses
plus étranges. Pardonnez-moi, charmante Élise, si j'en parle
ainsi devant vous. Vous savez que sur ce chapitre on n'en
peut pas dire de bien. Mais enfin, si je puis, comme je
l'espère, retrouver mes parents, nous n'aurons pas beaucoup
de peine à nous le rendre favorable. J'en attends des nouvelles avec impatience, et j'en irai chercher moi-même,
si elles tardent à venir.

Élise. — Ah ! Valère, ne bougez d'ici [2], je vous prie; et
songez seulement à vous bien mettre dans l'esprit de mon
père.

Valère. — Vous voyez comme je m'y prends, et les
adroites complaisances qu'il m'a fallu mettre en usage pour
m'introduire à son service; sous quel masque de sympathie
et de rapports de sentiments je me déguise pour lui plaire,
et quel personnage je joue tous les jours avec lui, afin
d'acquérir sa tendresse. J'y fais des progrès admirables; et
j'éprouve que, pour gagner les hommes, il n'est point de
meilleure voie que de se parer à leurs yeux de leurs inclinations, que de donner dans leurs maximes, encenser leurs
défauts et applaudir à ce qu'ils font. On n'a que faire d'avoir
peur de trop charger la complaisance; et la manière dont
on les joue a beau être visible, les plus fins toujours sont de
grandes dupes du côté de la flatterie; et il n'y a rien de si
impertinent [3] et de si ridicule qu'on ne fasse avaler lorsqu'on
l'assaisonne en louange. La sincérité souffre un peu au

---

1. *Justifier à*, auprès de, devant. — 2. *Ne bougez...* pour : *Ne
bougez pas.* On pouvait alors, avec cet emploi de *ne* défensif, suppri-
mer *pas.* — 3. *Impertinent*, au sens étymologique (*quod non pertinet*);
ce qui ne convient pas, ce qui est contraire à l'usage, à la politesse,
au bon sens.

métier que je fais ; mais quand on a besoin des hommes, il faut bien s'ajuster à eux [1] et puisqu'on ne saurait les gagner que par là, ce n'est pas la faute de ceux qui flattent, mais de ceux qui veulent être flattés [2].

Élise. — Mais que ne tâchez-vous aussi à gagner l'appui de mon frère, en cas que la servante s'avisât de révéler notre secret ?

Valère. — On ne peut pas ménager l'un et l'autre ; et l'esprit du père et celui du fils sont des choses si opposées, qu'il est difficile d'accommoder ces deux confidences ensemble. Mais vous, de votre part, agissez auprès de votre frère et servez-vous de l'amitié qui est entre vous deux pour le jeter dans nos intérêts. Il vient, je me retire. Prenez ce temps pour lui parler ; et ne lui découvrez de notre affaire que ce que vous jugerez à propos.

Élise. — Je ne sais si j'aurai la force de lui faire cette confidence.

SCÈNE II

CLÉANTE, ÉLISE

Cléante. — Je suis bien aise de vous trouver seule, ma sœur ; et je brûlais de vous parler, pour m'ouvrir à vous d'un secret.

Élise. — Me voilà prête à vous ouïr [3], mon frère. Qu'avez-vous à me dire ?

Cléante. — Bien des choses, ma sœur, enveloppées dans un mot : j'aime.

Élise. — Vous aimez ?

Cléante. — Oui, j'aime. Mais avant que d'aller plus loin, je sais que je dépends d'un père, et que le nom de fils me soumet à ses volontés ; que nous ne devons point engager notre foi sans le consentement de ceux dont nous tenons le jour ; que le Ciel les a faits maîtres de nos vœux, et qu'il

---

1. *S'ajuster à*, au sens propre de *s'arranger avec...* — 2. Molière nous prépare ainsi au rôle de *complaisant* que jouera Valère, et qui le mettra d'ailleurs assez souvent dans un embarras comique. — 3. *Ouïr,* écouter : nous disons encore : *par ouï-dire.*

nous est enjoint de n'en disposer que par leur conduite[1] ;
que n'étant prévenus d'aucune folle ardeur, ils sont en état
de se tromper bien moins que nous, et de voir beaucoup
mieux ce qui nous est propre; qu'il en faut plutôt croire les
lumières de leur prudence que l'aveuglement de nos passions; et que l'emportement de la jeunesse nous entraîne le
plus souvent dans des précipices fâcheux. Je vous dis tout
cela, ma sœur, afin que vous ne vous donniez pas la peine
de me le dire; car enfin mon amour ne veut rien écouter, et
je vous prie de ne me point faire de remontrances.

Élise. — Vous êtes-vous engagé, mon frère, avec celle
que vous aimez?

Cléante. — Non, mais j'y suis résolu; et je vous conjure
encore une fois de ne point apporter de raisons pour m'en
dissuader.

Élise. — Suis-je, mon frère, une si étrange personne?

Cléante. — Non, ma sœur; mais vous n'aimez pas,
vous ignorez la douce violence qu'un tendre amour fait sur
nos cœurs; et j'appréhende votre sagesse.

Élise. — Hélas! mon frère, ne parlons point de ma
sagesse. Il n'est personne qui n'en manque, du moins une
fois en sa vie; et si je vous ouvre mon cœur, peut-être
serai-je à vos yeux bien moins sage que vous.

Cléante. — Ah! plût au Ciel que votre âme, comme la
mienne...

Élise. — Finissons auparavant votre affaire, et me dites [2]
qui est celle que vous aimez.

Cléante. — Une jeune personne qui loge depuis peu en
ces quartiers, et qui semble faite pour donner de l'amour
à tous ceux qui la voient. La nature, ma sœur, n'a rien formé
de plus aimable; et je me sentis transporté, dès le moment
que je la vis. Elle se nomme Mariane, et vit sous la conduite
d'une bonne femme de mère [3], qui est presque toujours
malade, et pour qui cette aimable fille a des sentiments
d'amitié qui ne sont pas imaginables... Elle la sert, la plaint,

---

1. *Conduite*, au sens de *direction, autorisation*. — 2. *Me dites*, pour :
dites-moi. — 3. *Bonne femme*, sans aucun sens ironique. Balzac écrit
à Conrart (10 octobre 1650) : « J'ai perdu mon *bonhomme* de père ».

et la console avec une tendresse qui vous toucherait l'âme.
Elle se prend d'un air le plus charmant du monde aux choses
qu'elle fait, et l'on voit briller mille grâces en toutes ses
actions : une douceur pleine d'attraits, une bonté, tout enga-
geante, une honnêteté adorable... Ah ! ma sœur, je voudrais
que vous l'eussiez vue.

Élise. — J'en vois beaucoup, mon frère, dans les choses
que vous m'en dites ; et pour comprendre ce qu'elle est, il
me suffit que vous l'aimez.

Cléante. — J'ai découvert sous main qu'elles ne sont
pas fort accommodées [1], et que leur discrète conduite [2] a de
la peine à étendre à tous leurs besoins le bien qu'elles peuvent avoir. Figurez-vous, ma sœur, quelle joie ce peut être
que de relever la fortune d'une personne que l'on aime ; que
de donner adroitement quelques petits secours aux modestes
nécessités d'une vertueuse famille ; et concevez quel déplaisir
ce m'est de voir que, par l'avarice d'un père, je sois dans
l'impuissance de goûter cette joie et de faire éclater à cette
belle aucun témoignage de mon amour.

Élise. — Oui, je conçois assez, mon frère, quel doit être
votre chagrin.

Cléante. — Ah ! ma sœur, il est plus grand qu'on ne
peut croire. Car enfin, peut-on rien voir de plus cruel que
cette rigoureuse épargne qu'on exerce sur nous, que cette
sécheresse étrange où l'on nous fait languir ? Et que nous
servira d'avoir du bien, s'il ne nous vient que dans le temps
que nous ne serons plus dans le bel âge d'en jouir, et si pour
m'entretenir même, il faut que maintenant je m'engage [3] de
tous côtés, si je suis réduit avec vous à chercher tous les jours
les secours des marchands, pour avoir moyen de porter des
habits raisonnables ? Enfin, j'ai voulu vous parler, pour
m'aider à sonder mon père sur les sentiments où je suis ; et
si je l'y trouve contraire, j'ai résolu d'aller en d'autres lieux,
avec cette aimable personne, jouir de la fortune que le Ciel
voudra nous offrir. Je vais chercher partout pour ce dessein
de l'argent à emprunter [4] ; et si vos affaires, ma sœur, sont

---

1. *Accommodées,* c.-à-d. *fortunées.* — 2. *Conduite* a ici le sens de :
façon de vivre. — 3. *Je m'engage,* je prenne des engagements, j'emprunte de l'argent. — 4. Molière veut par là donner un motif ho-
norable à l'emprunt dont il sera bientôt question, entre Cléante et son
valet La Flèche.

semblables aux miennes et qu'il faille que notre père s'oppose
à nos désirs, nous le quitterons là tous deux et nous affran-
chirons de cette tyrannie où nous tient depuis si longtemps
son avarice insupportable.

Élise. — Il est bien vrai que tous les jours il nous donne
de plus en plus sujet de regretter la mort de notre mère,
et que...

Cléante. — J'entends sa voix. Éloignons-nous un peu
pour nous achever notre confidence; et nous joindrons après
nos forces pour venir attaquer la dureté de son humeur.

SCÈNE III

HARPAGON, LA FLÈCHE

Harpagon. — Hors d'ici tout à l'heure, et qu'on ne
réplique pas. Allons, que l'on détale de chez moi, maître
juré filou, vrai gibier de potence.

La Flèche, *à part.* — Je n'ai jamais rien vu de si
méchant que ce maudit vieillard, et je pense, sauf correction,
qu'il a le diable au corps.

Harpagon. — Tu murmures entre tes dents?

La Flèche. — Pourquoi me chassez-vous?

Harpagon. — C'est bien à toi, pendard, à me demander
des raisons; sors vite, que je ne t'assomme.

La Flèche. — Qu'est-ce que je vous ai fait?

Harpagon. — Tu m'as fait que je veux que tu sortes.

La Flèche. — Mon maître, votre fils, m'a donné ordre
de l'attendre.

Harpagon. — Va-t'en l'attendre dans la rue, et ne sois
point dans ma maison planté tout droit comme un piquet
à observer ce qui se passe, et faire ton profit de tout. Je ne
veux point avoir sans cesse devant moi un espion de mes
affaires, un traître, dont les yeux maudits assiègent toutes
mes actions, dévorent ce que je possède et furettent de tous
côtés pour voir s'il n'y a rien à voler.

La Flèche. — Comment diantre voulez-vous qu'on fasse

pour vous voler ? Êtes-vous un homme volable, quand vous renfermez toutes choses, et faites sentinelle jour et nuit ?

Harpagon. — Je veux renfermer ce que bon me semble, et faire sentinelle comme il me plaît. Ne voilà pas [1] de mes mouchards, qui prennent garde à ce qu'on fait ? (*Bas, à part.*) Je tremble qu'il n'ait soupçonné quelque chose de mon argent. (*Haut.*) Ne serais-tu point homme à faire courir le bruit que j'ai chez moi de l'argent caché ?

La Flèche. — Vous avez de l'argent caché ?

Harpagon. — Non, coquin, je ne dis pas cela. (*A part.*) J'enrage. (*Haut.*) Je demande si malicieusement tu n'irais point faire courir le bruit que j'en ai.

La Flèche. — Hé ! que nous importe que vous en ayez ou que vous n'en ayez pas, si c'est pour nous la même chose ?

Harpagon. — Tu fais le raisonneur. Je te baillerai de ce raisonnement-ci par les oreilles. (*Il lève la main pour lui donner un soufflet.*) Sors d'ici, encore une fois.

La Flèche. — Hé bien ! je sors.

Harpagon. — Attends. Ne m'emportes-tu rien ?

La Flèche. — Que vous emporterais-je ?

Harpagon. — Viens çà, que je voie. Montre-moi tes mains.

La Flèche. — Les voilà.

Harpagon. — Les autres.

La Flèche. — Les autres ?

Harpagon. — Oui.

La Flèche. — Les voilà [2].

Harpagon, *montrant le haut-de-chausses de La Flèche.* N'as-tu rien mis ici dedans ?

---

1. *Ne voilà pas...* La grammaire actuelle exigerait : *Ne voilà-t-il pas ?* — 2. Ce passage est imité de Plaute. Dans *l'Aululaire,* Euclion, qui querelle l'esclave Strobile, lui dit : « Montre-moi tes mains. — Les voilà. — Montre. — Les voilà. — Je vois. Allons! montre encore la troisième. »

La Flèche. — Voyez-vous-même [1].

Harpagon, *il tâte le bas de ses chausses.* — Ces grands hauts-de-chausses [2] sont propres à devenir les recéleurs des choses qu'on dérobe; et je voudrais qu'on en eût fait pendre quelqu'un [3].

La Flèche, *à part.* — Ah ! qu'un homme comme cela mériterait bien ce qu'il craint ! et que j'aurais de joie à le voler !

Harpagon. — Euh !

La Flèche. — Quoi ?

Harpagon. — Qu'est-ce que tu parles de voler ?

La Flèche. — Je dis que vous fouillez bien partout, pour voir si je vous ai volé.

Harpagon. — C'est ce que je veux faire. (*Il fouille dans les poches de La Flèche.*)

La Flèche, *à part.* — La peste soit de l'avarice et des avaricieux !

Harpagon. — Comment ? que dis-tu ?

La Flèche. — Ce que je dis ?

Harpagon. — Oui : qu'est-ce que tu dis d'avarice et d'avaricieux ?

La Flèche. — Je dis que la peste soit de l'avarice et des avaricieux.

Harpagon. — De qui veux-tu parler ?

La Flèche. — Des avaricieux.

Harpagon. — Et qui sont-ils ces avaricieux ?

La Flèche. — Des vilains et des ladres.

Harpagon. — Mais qui est-ce que tu entends [4] par là ?

---

1. Molière continue à imiter Plaute, où Euclion dit à Strobile : « Allons, secoue ton manteau. — *Strobile.* Tant que tu voudras. — E. Ne l'aurais-tu pas sous ta tunique ? — *S.* Tâte partout. » — 2. *Hauts-de-chausses*, culottes. — 3. *Pendre quelqu'un*, c'est-à-dire un de ceux qui les portent, et qui y dissimulent le produit de leur vol. — 4. *Entends, entendre* est très fréquemment employé, au XVIIe siècle, pour *comprendre*; ici, le sens est : « Qui *veux-tu désigner*... ; »

La Flèche. — De quoi vous mettez-vous en peine ?

Harpagon. — Je me mets en peine de ce qu'il faut.

La Flèche. — Est-ce que vous croyez que je veux parler de vous ?

Harpagon. — Je crois ce que je crois ; mais je veux que tu me dises à qui tu parles quand tu dis cela.

La Flèche. — Je parle... je parle à mon bonnet.

Harpagon. — Et moi je pourrais bien parler à ta barrette [1] !

La Flèche. — M'empêcherez-vous de maudire les avaricieux ?

Harpagon. — Non ; mais je t'empêcherai de jaser et d'être insolent. Tais-toi.

La Flèche. — Je ne nomme personne.

Harpagon. — Je te rosserai, si tu parles.

La Flèche. — Qui se sent morveux, qu'il se mouche.

Harpagon. — Te tairas-tu ?

La Flèche. — Oui, malgré moi.

Harpagon. — Ha, ha.

La Flèche, *lui montrant une des poches de son justaucorps.* — Tenez, voilà encore une poche : êtes-vous satisfait ?

Harpagon. — Allons, rends-le moi sans te fouiller [2].

La Flèche. — Quoi ?

Harpagon. — Ce que tu m'as pris.

La Flèche. — Je ne vous ai rien pris du tout.

Harpagon. — Assurément ?

La Flèche. — Assurément.

Harpagon. — Adieu : va-t'en à tous les diables [3].

La Flèche. — Me voilà fort bien congédié.

---

1. *Bonnet... barrette.* « Parler à son bonnet », expression proverbiale pour : se parler à soi-même ; — « Parler à la barrette » de quelqu'un : lui donner des coups sur la tête, et en faire tomber la *barrette* (*béret*). — 2. *Sans te fouiller,* sans que je te fouille. — 3. Cf. Plaute : « Va-t'en où tu voudras ! Que Jupiter et les dieux te confondent !... »

Harpagon. — Je te le mets sur ta conscience, au moins. Voilà un pendard de valet qui m'incommode fort, et je ne me plais point à voir ce chien de boiteux-là [1].

SCÈNE IV

ÉLISE, CLÉANTE, HARPAGON

Harpagon. — Certes, ce n'est pas une petite peine que de garder chez soi une grande somme d'argent; et bienheureux qui a tout son fait [2] bien placé, et ne conserve seulement que ce qu'il faut pour sa dépense. On n'est pas peu embarrassé à inventer, dans toute une maison, une cache [3] fidèle; car pour moi, les coffres-forts me sont suspects, et je ne veux jamais m'y fier : je les tiens justement amorcé à voleurs, et c'est toujours la première chose que l'on va attaquer. Cependant je ne sais si j'aurai bien fait d'avoir enterré dans mon jardin dix mille écus qu'on me rendit hier. Dix mille écus en or chez soi est une somme assez... (*Ici le frère et la sœur paraissent, s'entretenant bas.*) O ciel ! je me serai trahi moi-même : la chaleur m'aura emporté, et je crois que j'ai parlé haut en raisonnant tout seul. Qu'est-ce ?

Cléante. — Rien, mon père.

Harpagon. — Y a-t-il longtemps que vous êtes là ?

Élise. — Nous ne venons que d'arriver.

Harpagon. — Vous avez entendu...

Élise. — Quoi, mon père ?

Harpagon. — Là...

Élise. — Quoi ?

Harpagon. — Ce que je viens de dire.

Cléante. — Non.

Harpagon. — Si fait, si fait.

---

1. *Ce chien de boiteux-là.* Louis Béjart, chargé du rôle de La Flèche, était boiteux. Plus loin, on verra Molière se moquer de sa propre infirmité, quand il toussera et parlera de sa *fluxion.* — 2. *Son fait,* son avoir, son argent. — 3. *Cache,* cachette.

Élise. — Pardonnez-moi.

Harpagon. — Je vois bien que vous avez ouï quelques mots. C'est que je m'entretenais en moi-même de la peine qu'il y a aujourd'hui à trouver de l'argent, et je disais qu'il est bien heureux qui [1] peut avoir dix mille écus chez soi.

Cléante. — Nous feignions à [2] vous aborder, de peur de vous interrompre.

Harpagon. — Je suis bien aise de vous dire cela, afin que vous n'alliez pas prendre les choses de travers et vous imaginer que je dise que c'est moi qui ai dix mille écus.

Cléante. — Nous n'entrons point dans vos affaires.

Harpagon. — Plût à Dieu que je les eusse, dix mille écus !

Cléante. — Je ne crois pas...

Harpagon. — Ce serait une bonne affaire pour moi.

Élise. — Ce sont des choses...

Harpagon. — J'en aurais bon besoin.

Cléante. — Je pense que...

Harpagon. — Cela m'accommoderait fort.

Élise. — Vous êtes...

Harpagon. — Et je ne me plaindrais pas, comme je fais, que le temps est misérable.

Cléante. — Mon Dieu ! mon père, vous n'avez pas lieu de vous plaindre, et l'on sait que vous avez assez de bien.

Harpagon. — Comment ? j'ai assez de bien ! Ceux qui le disent en ont menti. Il n'y a rien de plus faux ; et ce sont des coquins qui font courir tous ces bruits-là.

Élise. — Ne vous mettez point en colère.

Harpagon. — Cela est étrange que mes propres enfants me trahissent et deviennent mes ennemis !

Cléante. — Est-ce être votre ennemi que de dire que vous avez du bien ?

Harpagon. — Oui : de pareils discours et les dépenses

---

1. *Qui*, celui qui. — **2.** *Feignions* à... *Feindre* signifie ici : *hésiter.*

que vous faites seront cause qu'un de ces jours on me viendra chez moi couper la gorge, dans la pensée que je suis tout cousu de pistoles [1].

Cléante. — Quelle grande dépense est-ce que je fais ?

Harpagon. — Quelle ? Est-il rien de plus scandaleux que ce somptueux équipage [2] que vous promenez par la ville ? Je querellais hier votre sœur ; mais c'est encore pis. Voilà qui crie vengeance au Ciel ; et à vous prendre depuis les pieds jusqu'à la tête, il y aurait de quoi faire une bonne constitution [3]. Je vous l'ai dit vingt fois, mon fils, toutes vos manières me déplaisent fort, « vous donnez furieusement dans le marquis ; et pour aller ainsi vêtu, il faut que vous me dérobiez.

Cléante. — Hé ! comment vous dérober ?

Harpagon. — Que sais-je ? Où pouvez-vous donc prendre de quoi entretenir l'état que vous portez ?

Cléante. — Moi, mon père ? c'est que je joue ; et, comme je suis fort heureux, je mets sur moi tout l'argent que je gagne.

Harpagon. — C'est fort mal fait. Si vous êtes heureux au jeu, vous en devriez profiter, et mettre à honnête intérêt l'argent que vous gagnez, afin de le trouver un jour. Je voudrais bien savoir, sans parler du reste, à quoi servent tous ces rubans dont vous voilà lardé depuis les pieds jusqu'à la tête, et si une demi-douzaine d'aiguillettes ne suffit pas pour attacher un haut-de-chausses [4]. Il est bien nécessaire d'employer de l'argent à des perruques, lorsque l'on peut porter des cheveux de son cru, qui ne coûtent rien. Je vais gager qu'en perruques et rubans, il y a du moins vingt pistoles ; et vingt pistoles rapportent par année dix-huit livres six sols huit deniers, à ne les placer qu'au denier douze [5].

Cléante. — Vous avez raison.

1. *Cousu de pistoles.* Cf. La Fontaine. *Le Savetier et le Financier* (VIII, 2) : « Son voisin, au contraire, étant tout *cousu* d'or ». — 2. *Équipage,* se disait alors du train de maison et de la toilette. — 3. *Constitution,* rente. — 4. Le haut-de-chausses, ou culotte, s'attachait au pourpoint au moyen d'*aiguillettes* ou lacets serrés. Les élégants avaient remplacé les aiguillettes par des rubans. — 5. *A ne le placer qu'au denier douze,* c'est-à-dire à un peu plus de 8 pour cent (un denier d'intérêt pour douze deniers prêtés).

Harpagon. — Laissons cela, et parlons d'une autre affaire. Euh! je crois qu'ils font signe l'un à l'autre de me voler ma bourse. Que veulent dire ces gestes-là?

Élise. — Nous marchandons [1], mon frère et moi, qui parlera le premier, et nous avons tous deux quelque chose à vous dire.

Harpagon. — Et moi j'ai quelque chose aussi à vous dire à tous deux.

Cléante. — C'est de mariage, mon père, que nous désirons vous parler.

Harpagon. — Et c'est de mariage aussi que je veux vous entretenir.

Élise. — Ah! mon père!

Harpagon. — Pourquoi ce cri? Est-ce le mot, ma fille, ou la chose qui vous fait peur?

Cléante. — Le mariage peut nous faire peur à tous deux de la façon que vous pouvez l'entendre [2]; et nous craignons que nos sentiments ne soient pas d'accord avec votre choix.

Harpagon. — Un peu de patience. Ne vous alarmez point. Je sais ce qu'il faut à tous deux, et vous n'aurez ni l'un ni l'autre aucun lieu de vous plaindre de tout ce que je prétends faire. Et pour commencer par un bout(*A Cléante :*) avez-vous vu, dites-moi, une jeune personne appelée Mariane, qui ne loge pas loin d'ici?

Cléante. — Oui, mon père.

Harpagon. — Et vous?

Élise. — J'en ai ouï parler.

Harpagon. — Comment, mon fils, trouvez-vous cette fille?

Cléante. — Une fort charmante personne.

Harpagon. — Sa physionomie?

Cléante. — Toute honnête, et pleine d'esprit.

Harpagon. — Son air et sa manière?

1. *Marchandons*, discutons. — 2. *Entendre*, comprendre.

Cléante. — Admirables, sans doute.

Harpagon. — Ne croyez-vous pas qu'une jeune fille comme cela mériterait assez que l'on songeât à elle ?

Cléante. — Oui, mon père.

Harpagon. — Que ce serait un parti souhaitable ?

Cléante. — Très souhaitable.

Harpagon. — Qu'elle a toute la mine de faire un bon ménage.

Cléante. — Sans doute.

Harpagon. — Et qu'un mari aurait satisfaction avec elle ?

Cléante. — Assurément.

Harpagon. — Il y a une petite difficulté : c'est que j'ai peur qu'il n'y ait pas avec elle tout le bien qu'on pourrait prétendre.

Cléante. — Ah ! mon père, le bien n'est pas considérable [1], lorsqu'il est question d'épouser une honnête personne.

Harpagon. — Pardonnez-moi, pardonnez-moi. Mais ce qu'il y a à dire, c'est que si l'on n'y trouve pas tout le bien qu'on souhaite, on peut tâcher de regagner cela sur autre chose.

Cléante. — Cela s'entend [2].

Harpagon. — Enfin je suis bien aise de vous voir dans mes sentiments ; car son maintien honnête et sa douceur m'ont gagné l'âme, et je suis résolu de l'épouser, pourvu que j'y trouve quelque bien.

Cléante. — Euh !

Harpagon. — Comment ?

Cléante. — Vous êtes résolu, dites-vous ?...

Harpagon. — D'épouser Mariane.

Cléante. — Qui, vous ? vous ?

Harpagon. — Oui, moi, moi, moi, Que veut dire cela ?

1. *Considérable*, digne d'être considéré. — 2. *S'entend*, se comprend.

Cléante. — Il m'a pris tout à coup un éblouissement, et je me retire d'ici.

Harpagon. — Cela ne sera rien. Allez vite boire dans la cuisine un grand verre d'eau claire. Voilà de mes damoiseaux flouets [1], qui n'ont plus de vigueur que [2] des poules. C'est là, ma fille, ce que j'ai résolu pour moi. Quant à ton frère, je lui destine une certaine veuve dont, ce matin, on m'est venu parler; et pour toi, je te donne au seigneur Anselme.

Élise. — Au seigneur Anselme?

Harpagon. — Oui, un homme mûr, prudent et sage, qui n'a pas plus de cinquante ans et dont on vante les grands biens.

Élise. — (*Elle fait une révérence.*) — Je ne veux point me marier, mon père, s'il vous plaît.

Harpagon. — (*Il contrefait sa révérence.*) — Et moi, ma petite fille, ma mie [3], je veux que vous vous mariiez, s'il vous plaît.

Élise. — Je vous demande pardon, mon père.

Harpagon. — Je vous demande pardon, ma fille.

Élise. — Je suis très humble servante au seigneur Anselme; mais, avec votre permission, je ne l'épouserai point.

Harpagon. — Je suis votre très humble valet; mais, avec votre permission, vous l'épouserez dès ce soir.

Élise. — Dès ce soir?

Harpagon. — Dès ce soir.

Élise. — Cela ne sera pas, mon père.

Harpagon. — Cela sera, ma fille.

Élise. — Non.

Harpagon. — Si.

Élise. — Non, vous dis-je.

Harpagon. — Si, vous dis-je.

Élise. — C'est une chose où vous ne me réduirez point.

---

1. *Flouets*, forme populaire pour *fluets*. — 2. *N'ont plus... que.* Autre exemple de l'ellipse de *pas* avec la négation. — 3. *Ma mie*, fausse orthographe pour *m'amie*.

Harpagon. — C'est une chose où je te réduirai.

Élise. — Je me tuerai plutôt que d'épouser un tel mari.

Harpagon. — Tu ne te tueras point, et tu l'épouseras. Mais voyez quelle audace ! A-t-on jamais vu une fille parler de la sorte à son père ?

Élise. — Mais a-t-on jamais vu un père marier sa fille de la sorte ?

Harpagon. — C'est un parti où il n'y a rien à redire ; et je gage que tout le monde approuvera mon choix.

Élise. — Et moi, je gage qu'il ne saurait être approuvé d'aucune personne raisonnable.

Harpagon, *apercevant Valère de loin.* — Voilà Valère : veux-tu qu'entre nous deux nous le fassions juge de cette affaire ?

Élise. — J'y consens.

Harpagon. — Te rendras-tu à son jugement ?

Élise. — Oui, j'en passerai par ce qu'il dira.

Harpagon. — Voilà qui est fait.

SCÈNE V

VALÈRE, HARPAGON, ÉLISE

Harpagon. — Ici, Valère. Nous t'avons élu pour nous dire qui a raison, de ma fille ou de moi.

Valère. — C'est vous, Monsieur, sans contredit.

Harpagon. — Sais-tu bien de quoi nous parlons ?

Valère. — Non, mais vous ne sauriez avoir tort, et vous êtes toute raison.

Harpagon. — Je veux ce soir lui donner comme époux un homme aussi riche que sage : et la coquine me dit au nez qu'elle se moque de le prendre [1]. Que dis-tu de cela ?

Valère. — Ce que j'en dis ?

---

1. *Elle se moque de...* elle ne se soucie pas de...

Harpagon. — Oui.

Valère. — Eh, eh !

Harpagon. — Quoi ?

Valère. — Je dis que dans le fond je suis de votre senti-ment; et vous ne pouvez pas que vous n'ayez raison [1]. Mais aussi n'a-t-elle pas tort tout à fait, et...

Harpagon. — Comment ? le seigneur Anselme est un parti considérable; c'est un gentilhomme qui est noble [2], doux, posé, sage et fort accommodé [3], et auquel il ne reste aucun enfant de son premier mariage. Saurait-elle mieux rencontrer ?

Valère. — Cela est vrai. Mais elle pourrait vous dire que c'est un peu précipiter les choses, et qu'il faudrait au moins quelque temps pour voir si son inclination pourrait s'accommoder avec...

Harpagon. — C'est une occasion qu'il faut prendre vite aux cheveux. Je trouve ici un avantage qu'ailleurs je ne trouverais pas, et il s'engage à la prendre sans dot.

Valère. — Sans dot ?

Harpagon. — Oui.

Valère. — Ah ! je ne dis plus rien. Voyez-vous ? voilà une raison tout à fait convaincante; il faut se rendre à cela.

Harpagon. — C'est pour moi une épargne considérable.

Valère. — Assurément, cela ne reçoit [4] point de contra-diction. Il est vrai que votre fille vous peut représenter que le mariage est une plus grande affaire qu'on ne peut croire; qu'il y va d'être heureux ou malheureux toute sa vie —; et qu'un engagement qui doit durer jusqu'à la mort ne se doit jamais faire qu'avec de grandes précautions.

Harpagon. — Sans dot [5] !

---

1. *Vous ne pouvez pas que vous n'ayez raison...* Tour latin *non potes quin.* — 2. *Un gentilhomme qui est noble.* Molière lance ici un trait satirique contre les parvenus qui avaient acheté un office ou une terre conférant la noblesse, et qui se forgeaient une fausse généalogie. — 3. *Accommodé.* Cf. p. 16, note 1. — 4. *Reçoit*, nous di-rions : *souffre...* — 5. Harpagon n'écoute pas; il est obsédé par le *sans dot*, et chaque fois que Valère s'arrête, le *sans dot* se déclenche mécaniquement. Cf. *Le pauvre homme !* d'Orgon, dans *Tartuffe.*

Valère. — Vous avez raison : voilà qui décide tout, cela s'entend. Il y a des gens qui pourraient dire qu'en de telles occasions l'inclination d'une fille est une chose sans doute où l'on doit avoir égard; et que cette grande inégalité d'âge, d'humeur, et de sentiments, rend un mariage sujet à des accidents très fâcheux.

Harpagon. — Sans dot !

Valère. — Ah ! il n'y a pas de réplique à cela; on le sait bien; qui diantre peut aller là contre? Ce n'est pas qu'il n'y ait quantité de pères qui aimeraient mieux ménager la satisfaction de leurs filles que l'argent qu'ils pourraient donner; qui ne les voudraient point sacrifier à l'intérêt, et chercheraient plus que toute autre chose à mettre dans un mariage cette douce conformité qui sans cesse y maintient l'honneur, la tranquillité et la joie, et que...

Harpagon. — Sans dot.

Valère. — Il est vrai; cela ferme la bouche à tout. Sans dot ! Le moyen de résister à une raison comme celle-là ?

Harpagon *regarde vers le jardin.* — *A part.* — Ouais, il me semble que j'entends un chien qui aboie. N'est-ce point qu'on en voudrait à mon argent? (*A Valère.*) Ne bougez, je reviens tout à l'heure [1]. (*Il sort.*)

Élise. — Vous moquez-vous, Valère, de lui parler comme vous faites ?

Valère. — C'est pour ne point l'aigrir, et pour en venir mieux à bout. Heurter de front ses sentiments est le moyen de tout gâter; et il y a de certains esprits qu'il ne faut prendre qu'en biaisant, des tempéraments ennemis de toute résistance, des naturels rétifs, que la vérité fait cabrer, qui toujours se roidissent contre le droit chemin de la raison, et qu'on ne mène qu'en tournant où l'on veut les conduire. Faites semblant de consentir à ce qu'il veut, vous en viendrez mieux à vos fins; et...

Élise. — Mais ce mariage, Valère ?

1. Cf. Plaute. Euclion cause avec Mégadore, et soupçonne celui-ci d'en vouloir à son or. Aussi rompt-il subitement l'entretien : « Mon trésor a été harponné. Je vais aller voir chez moi. — Où vas-tu ? — Je ne tarderai pas à revenir; il faut que je voie quelque chose à la maison ». Il disparaît, puis il revient rassuré.

Valère. — On cherchera des biais [1] pour le rompre.

Élise. — Mais quelle invention trouver, s'il se doit conclure ce soir ?

Valère. — Il faut demander un délai, et feindre quelque maladie.

Élise. — Mais on découvrira la feinte, si l'on appelle des médecins.

Valère. — Vous moquez-vous ? Y connaissent-ils quelque chose ? Allez, allez, vous pourrez avec eux avoir quel [2] mal il vous plaira, ils vous trouveront des raisons pour vous dire d'où cela vient.

Harpagon, *à part, dans le fond du théâtre.* — Ce n'est rien, Dieu merci.

Valère. — Enfin notre dernier recours, c'est que la fuite nous peut mettre à couvert de tout ; et si votre amour, belle Élise, est capable d'une fermeté... (*Il aperçoit Harpagon.*) Oui, il faut qu'une fille obéisse à son père. Il ne faut point qu'elle regarde comme un mari est fait ; et lorsque la grande raison de *sans dot* s'y rencontre, elle doit être prête à prendre tout ce qu'on lui donne.

Harpagon. — Bon. Voilà bien parlé, cela.

Valère. — Monsieur, je vous demande pardon si je m'emporte un peu, et prends la hardiesse de lui parler comme je fais.

Harpagon. — Comment ? J'en suis ravi, et je veux que tu prennes sur elle un pouvoir absolu. Oui, tu as beau fuir. Je lui donne l'autorité que le Ciel me donne sur toi, et j'entends que tu fasses tout ce qu'il te dira.

Valère. — Après cela, résistez à mes remontrances. Monsieur, je vais la suivre pour lui continuer les leçons que je lui faisais.

Harpagon. — Oui, tu m'obligeras. Certes...

Valère. — Il est bon de lui tenir un peu la bride haute.

Harpagon. — Cela est vrai. Il faut...

---

1. *Biais*, moyen détourné. — 2. *Quel mal...* Construction latine. Nous dirions : *le mal qu'il...*

Valère. — Ne vous mettez pas en peine. Je crois que j'en viendrai à bout.

Harpagon. — Fais, fais. Je m'en vais faire un petit tour en ville, et je reviens tout à l'heure.

Valère. — Oui, l'argent est plus précieux que toutes les choses du monde, et vous devez rendre grâces au Ciel de l'honnête homme de père qu'il vous a donné. Il sait ce que c'est que de vivre. Lorsqu'on s'offre de prendre une fille sans dot, on ne doit point regarder plus avant. Tout est renfermé là-dedans et *sans dot* tient lieu de beauté, de jeunesse, de naissance, d'honneur, de sagesse et de probité.

Harpagon. — Ah ! le brave garçon ! Voilà parlé comme un oracle. Heureux qui peut avoir un domestique [1] de la sorte !

1. *Domestique.* Cf. p. 12, note 6.

ACTE DEUXIÈME

SCÈNE I

CLÉANTE, LA FLÈCHE

Cléante. — Ah ! traître que tu es, où t'es-tu donc allé fourrer ? Ne t'avais-je pas donné ordre...

La Flèche. — Oui, Monsieur, et je m'étais rendu ici pour vous attendre de pied ferme : mais Monsieur votre père, le plus malgracieux des hommes, m'a chassé dehors malgré moi, et j'ai couru le risque d'être battu.

Cléante. — Comment va notre affaire ? Les choses pressent plus que jamais ; et depuis que je ne t'ai vu, j'ai découvert que mon père est mon rival.

La Flèche. — Votre père amoureux ?

Cléante. — Oui : et j'ai eu toutes les peines du monde à lui cacher le trouble où cette nouvelle m'a mis.

La Flèche. — Lui se mêler d'aimer ! De quoi diable s'avise-t-il ? Se moque-t-il du monde ? Et l'amour a-t-il été fait pour les gens bâtis comme lui ?

Cléante. — Il a fallu, pour mes péchés, que cette passion lui soit venue en tête.

La Flèche. — Mais par quelle raison lui faire un mystère de votre amour ?

Cléante. — Pour lui donner moins de soupçon, et me conserver au besoin des ouvertures [1] plus aisées pour détourner ce mariage. Quelle réponse t'a-t-on faite ?

La Flèche. — Ma foi ! Monsieur, ceux qui empruntent sont bien malheureux ; et il faut essuyer d'étranges choses lorsqu'on en est réduit à passer, comme vous, par les mains de fesse-mathieux [2].

---

1. *Ouvertures*, démarches. — 2. *Fesse-mathieux*. Cette expression populaire désigne les avares, les usuriers. L'étymologie la plus probable est : *celui qui fête saint Mathieu*, parce que saint Mathieu, avant de devenir disciple de Jésus, était changeur ou receveur d'impôts.

Cléante. — L'affaire ne se fera point ?

La Flèche. — Pardonnez-moi. Notre maître Simon, le courtier qu'on nous a donné, homme agissant [1] et plein de zèle, dit qu'il a fait rage pour vous : et il assure que votre seule physionomie lui a gagné le cœur.

Cléante. — J'aurai les quinze mille francs que je demande ?

La Flèche. — Oui ; mais à quelques petites conditions qu'il faudra que vous acceptiez, si vous avez dessein que les choses se fassent.

Cléante. — T'a-t-il fait parler à celui qui doit prêter l'argent ?

La Flèche. — Ah ! vraiment, cela ne va pas de la sorte, il apporte encore plus de soins à se cacher que vous, et ce sont des mystères bien plus grands que vous ne pensez. On ne veut point du tout dire son nom, et l'on doit aujourd'hui l'aboucher avec vous dans une maison empruntée, pour être instruit, par votre bouche, de votre bien et de votre famille ; et je ne doute point que le seul nom de votre père ne rende les choses faciles.

Cléante. — Et principalement notre mère étant morte, dont on ne peut m'ôter le bien [2].

La Flèche. — Voici quelques articles qu'il a dictés lui-même à notre entremetteur, pour vous être montrés, avant que de rien faire :

Supposé que le prêteur voie toutes ses sûretés, et que l'emprunteur soit majeur, et d'une famille où le bien soit ample, solide, assuré, clair, et net de tout embarras, on fera une bonne et exacte obligation par-devant un notaire, le plus honnête homme qu'il se pourra, et qui, pour cet effet, sera choisi par le prêteur, auquel il importe le plus que l'acte soit dûment dressé.

Cléante. — Il n'y a rien à dire à cela.

La Flèche. — *Le prêteur, pour ne charger sa conscience*

---

1. *Agissant*, actif. — 2. Cléante et Élise étant majeurs, Harpagon leur doit compte de la fortune de leur mère.

*d'aucun scrupule, prétend ne donner son argent qu'au denier
dix-huit* [1].

Cléante. — Au denier dix-huit ? Parbleu ! voilà qui est
honnête. Il n'y a pas lieu de se plaindre.

La Flèche. — Cela est vrai.

*Mais, comme ledit prêteur n'a pas chez lui la somme dont
il est question, et que pour faire plaisir à l'emprunteur, il est
contraint lui-même de l'emprunter d'un autre sur le pied du
denier cinq* [2], *il conviendra que ledit premier emprunteur paye
cet intérêt, sans préjudice du reste, attendu que ce n'est que
pour l'obliger que ledit prêteur s'engage à cet emprunt.*

Cléante. — Comment diable ! quel Juif, quel Arabe est-
ce là ? C'est plus qu'au denier quatre [3].

La Flèche . — Il est vrai ; c'est ce que j'ai dit. Vous avez
à voir là-dessus.

Cléante. — Que veux-tu que je voie ? J'ai besoin d'argent ; et il faut bien que je consente à tout.

La Flèche. — C'est la réponse que j'ai faite.

Cléante. — Il y a encore quelque chose ?

La Flèche. — Ce n'est plus qu'un petit article.

*Des quinze mille francs qu'on demande, le prêteur ne pourra
compter en argent que douze mille livres, et pour les mille
écus* [4] *restants, il faudra que l'emprunteur prenne les hardes,
nippes* [5] *et bijoux dont s'ensuit le mémoire, et que ledit prêteur
a mis, de bonne foi, au plus modique prix qu'il lui a été possible.*

Cléante. — Que veut dire cela ?

La Flèche. — Écoutez le mémoire [6].

Premièrement, un lit de quatre pieds, à bandes de points de

---

1. *Au denier dix-huit*, à un denier d'intérêt pour dix-huit deniers
prêtés, soit près de 6 pour cent. C'est déjà un peu au-dessus du
taux légal de 5 pour cent établi par l'édit de 1665. — 2. *Denier cinq*,
à un denier d'intérêt pour cinq deniers prêtés, soit 20 pour cent.
3. *Au denier quatre*, 25 pour cent. — 4. *Mille écus*, trois mille francs.
— 5. *Hardes* se dit plutôt des vêtements, et *nippes* du linge. L'un
et l'autre mot se dit d'effets en mauvais état. — 6. *Le mémoire*. Molière
a dû transcrire ici littéralement quelque mémoire d'usurier de son
temps. Tout y est *réel, technique*. Cf. Boisrobert, *la Belle Plaideuse*,
IV, 2.

Hongrie [1], *appliquées fort proprement sur un drap de couleur d'olive, avec six chaises et la courte-pointe* [2] *de même ; le tout bien conditionné et doublé d'un petit taffetas changeant rouge et bleu.*

Plus, un pavillon à queue [3], *d'une bonne serge d'Aumale rose-sèche, avec le mollet* [4] *et les franges de soie.*

Cléante. — Que veut-il que je fasse de cela ?

La Flèche. — Attendez.

Plus, une tenture de tapisserie des amours de Gombaut et de Macé [5].

Plus, une grande table de bois de noyer, à douze colonnes ou piliers tournés, qui se tire par les deux bouts, et garnie par-dessous de six escabelles.

Cléante. — Qu'ai-je à faire, morbleu... ?

La Flèche. — Donnez-vous patience.

Plus, trois gros mousquets tout garnis de nacre de perles, avec les fourchettes [6] *assortissantes.*

Plus, un fourneau de brique, avec deux cornues et deux récipients, fort utile à ceux qui sont curieux de distiller.

Cléante. — J'enrage.

La Flèche. — Doucement.

Plus, un luth de Bologne, garni de toutes ses cordes, ou peu s'en faut.

Plus, un trou-madame [7], *et un damier, avec un jeu de*

---

1. *Points de Hongrie.* Sorte de tapisserie. — 2. *Courte-pointe.* Étymologie : *courte* (latin *culcita*, matelas ou lit de plume) et *pointe*, participe passé de *poindre*, piquer (latin *pungere*); donc, couvrepied piqué. (Cf. *pourpoint*). — 3. *Pavillon à queue.* Garniture de lit qui s'attache au plafond. La forme ressemble à celle d'une tente : de là le nom de *pavillon*. — 4. *Mollet*, petite frange dont on garnit les meubles. — 5. Ce doit être un panneau dépareillé de la série des huit tapisseries consacrées à ce sujet champêtre. D'ailleurs, il faudrait voir dans quel état. (Voir dans l'éd. *Despois-Mesnard*, t. VII, p. 202, une note de M. Jules Guiffrey sur la tapisserie en question). — 6. *Fourchettes.* A l'époque où les soldats se servaient du mousquet, arme fort lourde, ils portaient avec eux une sorte de pique, fourchue à l'extrémité supérieure, qu'ils plantaient en terre, et sur laquelle ils plaçaient le canon de leur mousquet, pour tirer. — 7. *Trou-madame.* « Sorte de jeu qui se joue avec treize petites boules, qu'on fait couler dans autant de trous, marqués pour la perte ou pour le gain ». (Littré).

l'oie renouvelé des Grecs, fort propres à passer le temps lors-
qu'on n'a que faire.

Plus, une peau d'un lézard [1] *de trois pieds et demi, remplie*
de foin, curiosité agréable pour pendre au plancher d'une
chambre.

Le tout ci-dessus mentionné, valant loyalement plus de
quatre mille cinq cents livres, et rabaissé à la valeur de mille
écus par la discrétion du prêteur.

Cléante. — Que la peste l'étouffe avec sa discrétion, le
traître, le bourreau qu'il est ! A-t-on jamais parlé d'une
usure semblable ? Et n'est-il pas content du furieux intérêt
qu'il exige, sans vouloir encore m'obliger à prendre pour
trois mille livres les vieux rogatons [2] qu'il ramasse ? Je
n'aurai pas deux cents écus de tout cela, et cependant il faut
bien me résoudre à consentir ce qu'il veut; car il est en état
de me faire tout accepter, et il me tient, le scélérat, le poi-
gnard sur la gorge.

La Flèche. — Je vous vois, Monsieur, ne vous en
déplaise, dans le grand chemin justement que tenait Panurge
pour se ruiner, prenant argent d'avance, achetant cher, ven-
dant à bon marché, et mangeant son blé en herbe [3].

Cléante. — Que veux-tu que j'y fasse ? Voilà où les
jeunes gens sont réduits par la mauvaise avarice des pères,
et on s'étonne après cela que les fils souhaitent qu'ils
meurent.

La Flèche. — Il faut convenir que le vôtre animerait
contre sa vilanie [4] le plus posé homme du monde. Je n'ai
pas, Dieu merci, les inclinations fort patibulaires [5]; et
parmi mes confrères que je vois se mêler de beaucoup de
petits commerces, je sais tirer adroitement mon épingle du
jeu, et me démêler prudemment de toutes les galanteries [6]
qui sentent tant soit peu l'échelle [7]; mais, à vous dire vrai,

---

1. *Une peau de lézard...* Cet article est resté proverbial. — 2. *Ro-*
gatons, objets sans valeur. Du latin *rogatum,* ce qui est obtenu par la
prière et la mendicité. — 3. Cf. Rabelais, liv. III, ch. 2. — 4. *Vilanie,*
pour « vilainie », *vilenie ;* acte digne d'un vilain. — 5. *Patibulaires,* du
latin *patibulum,* fourche, gibet auquel on attachait les esclaves. La Flèche
veut dire : Je ne suis pas naturellement porté aux actions dignes
du gibet. — 6. *Galanteries,* gentillesses, au sens ironique. — 7. *L'é-*
chelle, celle que le bourreau assujettit au gibet, pour y faire monter
le patient.

il me donnerait, par ses procédés, des tentations de le voler [1] ; et je croirais, en le volant, faire une action méritoire encore.

Cléante. — Donne-moi un peu ce mémoire, que je le voie.

SCÈNE II

MAITRE SIMON, HARPAGON, CLÉANTE, LA FLÈCHE.

Maître Simon. — Oui, Monsieur, c'est un jeune homme qui a besoin d'argent. Ses affaires le pressent d'en trouver et il en passera par tout ce que vous en prescrivez [2].

Harpagon. — Mais croyez-vous, maître Simon, qu'il n'y ait rien à péricliter ? et savez-vous le nom, les biens et la famille de celui pour qui vous parlez ?

Maître Simon. — Non, je ne puis pas bien vous en instruire à fond, et ce n'est que par aventure que l'on m'a adressé à lui — ; mais vous serez de toutes choses éclairci par lui-même ; et son homme m'a assuré que vous serez content, quand vous le connaîtrez. Tout ce que je saurais vous dire, c'est que sa famille est fort riche, qu'il n'a plus de mère déjà, et qu'il s'obligera, si vous voulez, que son père mourra avant qu'il soit huit mois.

Harpagon. — C'est quelque chose que cela. La charité, maître Simon, nous oblige à faire plaisir aux personnes, lorsque nous le pouvons.

Maître Simon. — Cela s'entend.

La Flèche. — Que veut dire ceci ? Notre maître Simon qui parle à votre père.

Cléante. — Lui aurait-on appris qui je suis ? et serais-tu pour nous trahir [3] ?

Maître Simon. — Ah ! Ah ! vous êtes bien pressés !

---

1. *Des tentations de le voler.* Ceci nous prépare au vol de la cassette par La Flèche. — 2. Comparer cette scène avec *la Belle Plaideuse* de Boisrobert, acte I, sc. 8. — 3. *Serais-tu pour...* c.-à-d. *serais-tu capable de.* Cf. *Misanthrope*, v. 80, 260, 673.

Qui vous a dit que c'était céans ? Ce n'est pas moi, Monsieur,
au moins, qui leur ai découvert votre nom et votre logis ;
mais, à mon avis, il n'y a pas grand mal à cela. Ce sont des
personnes discrètes, et vous pouvez ici vous expliquer
ensemble.

Harpagon. — Comment ?

Maître Simon. — Monsieur est la personne qui veut
vous emprunter les quinze mille livres dont je vous ai parlé.

Harpagon. — Comment, pendard ? c'est toi qui t'aban
donnes à ces coupables extrémités ?

Cléante. — Comment, mon père ? c'est vous qui vous
portez à ces honteuses actions.

(Maître Simon s'enfuit.)

Harpagon. — C'est toi qui te veux ruiner par des
emprunts si condamnables ?

Cléante. — C'est vous qui cherchez à vous enrichir
par des usures si criminelles ?

Harpagon. — Oses-tu bien, après cela, paraître devant
moi ?

Cléante. — Osez-vous bien, après cela, vous présenter
aux yeux du monde ?

Harpagon. — N'as-tu point honte, dis-moi, d'en venir
à ces débauches-là ? de te précipiter dans des dépenses
effroyables ? et de faire une honteuse dissipation du bien
que tes parents t'ont amassé avec tant de sueurs ?

Cléante. — Ne rougissez-vous point de déshonorer
votre condition par les commerces que vous faites ? de
sacrifier gloire [1] et réputation au désir insatiable d'entasser
écu sur écu, et de renchérir, en fait d'intérêts, sur les plus
infâmes subtilités qu'aient jamais inventées les plus célèbres
usuriers ?

Harpagon. — Ote-toi de mes yeux, coquin ! ôte-toi de
mes yeux.

Cléante. — Qui est le plus criminel, à votre avis, ou

---

1. *Gloire*, au sens d'*honneur*, fréquent dans Corneille.

celui qui achète un argent dont il a besoin, ou bien celui qui vole un argent dont il n'a que faire ?

Harpagon. — Retire-toi, te dis-je, et ne m'échauffe pas les oreilles. (*Seul.*) Je ne suis pas fâché de cette aventure, et ce m'est un avis de tenir l'œil, plus que jamais, sur toutes ses actions.

SCÈNE III

FROSINE, HARPAGON.

Frosine. — Monsieur...

Harpagon. — Attendez un moment; je vais revenir vous parler. (*A part.*) Il est à propos que je fasse un petit tour à mon argent.

SCÈNE IV

LA FLÈCHE, FROSINE

La Flèche. — L'aventure est tout à fait drôle. Il faut bien qu'il ait quelque part un ample magasin de hardes [2]; car nous n'avons rien reconnu au mémoire que nous avons.

Frosine. — Hé ! c'est toi, mon pauvre La Flèche ! D'où vient cette rencontre ?

La Flèche. — Ah ! ah ! c'est toi, Frosine. Que viens-tu faire ici ?

Frosine. — Ce que je fais partout ailleurs : m'entre-mettre d'affaires, me rendre serviable aux gens, et profiter du mieux qu'il m'est possible des petits talents que je puis avoir. Tu sais que dans ce monde il faut vivre d'adresse, et qu'aux personnes comme moi le Ciel n'a donné d'autres rentes que l'intrigue et que l'industrie.

La Flèche. — As-tu quelque négoce avec le patron du logis ?

---

1. Ce *magasin de hardes* est constitué soit par un superflu de mo-bilier que Harpagon a fait ranger dans quelque grenier, soit par des *saisies* pratiquées sur des débiteurs devenus insolvables,

Frosine. — Oui, je traite pour lui quelque petite affaire dont j'espère une récompense.

La Flèche. — De lui ? Ah, ma foi ! tu seras bien fine si tu en tires quelque chose ; et je te donne avis que l'argent céans est fort cher.

Frosine. — Il y a de certains services qui touchent merveilleusement.

La Flèche. — Je suis votre valet [1], et tu ne connais pas encore le seigneur Harpagon. Le seigneur Harpagon est, de tous les humains, l'humain le moins humain, le mortel de tous les mortels le plus dur et le plus serré. Il n'est point de service qui pousse sa reconnaissance jusqu'à lui faire ouvrir les mains. De la louange, de l'estime, de la bienveillance en paroles et de l'amitié tant qu'il vous plaira ; mais de l'argent, point d'affaires. Il n'est rien de plus sec et de plus aride que ses bonnes grâces et ses caresses ; et *donner* est un mot pour qui il a tant d'aversion, qu'il ne dit jamais : *Je vous donne*, mais : *Je vous prête le bonjour.*

Frosine. — Mon Dieu ! je sais l'art de traire les hommes : j'ai le secret de m'ouvrir leur tendresse, de chatouiller leurs cœurs, de trouver les endroits par où ils sont sensibles.

La Flèche. — Bagatelles ici. Je te défie d'attendrir, du côté de l'argent, l'homme dont il est question. Il est Turc là-dessus, mais d'une turquerie à désespérer tout le monde ; et l'on pourrait crever, qu'il n'en branlerait pas. En un mot, il aime l'argent plus que réputation, qu'honneur et que vertu [2], et la vue d'un demandeur lui donne des convulsions. C'est le frapper par son endroit mortel, c'est lui percer le cœur, c'est lui arracher les entrailles ; et si... Mais il revient ; je me retire.

---

1. *Je suis votre valet.* Dans la bouche de La Flèche, valet de son métier, cette expression, qui était employée surtout dans la conversation entre gens du monde, est fort piquante ; d'autant plus qu'au lieu de dire à Frosine, qu'il tutoie par ailleurs, *ton valet*, il laisse à la locution son tour cérémonieux. — 2. Cf. la tirade de Valère, p. 31.

SCÈNE V

HARPAGON, FROSINE

Harpagon (*Bas.*) — Tout va comme il faut. (*Haut.*) Hé bien ! qu'est-ce, Frosine ?

Frosine. — Ah, mon Dieu ! que vous vous portez bien ! et que vous avez là un vrai visage de santé !

Harpagon. — Qui, moi ?

Frosine. — Jamais je ne vous vis un teint si frais et si gaillard.

Harpagon. — Tout de bon ?

Frosine. — Comment ? vous n'avez de votre vie été si jeune que vous êtes ; et je vois des gens de vingt-cinq ans qui sont plus vieux que vous.

Harpagon. — Cependant, Frosine, j'en ai soixante bien comptés.

Frosine. — Hé bien ! qu'est-ce que cela, soixante ans ? Voilà bien de quoi [1] ! C'est la fleur de l'âge cela, et vous entrez maintenant dans la belle saison de l'homme.

Harpagon. — Il est vrai ; mais vingt années de moins pourtant ne me feraient point de mal, que je crois [2].

Frosine. — Vous moquez-vous ? Vous n'avez pas besoin de cela, et vous êtes d'une pâte à vivre jusques à cent ans.

Harpagon. — Tu le crois ?

Frosine. — Assurément. Vous en avez toutes les marques. Tenez-vous un peu. Oh ! que voilà bien là, entre vos deux yeux, un signe de longue vie !

Harpagon. — Tu te connais à cela ?

Frosine. — Sans doute. Montrez-moi votre main. Ah ! mon Dieu, quelle ligne de vie [3] !

---

1. *Voilà bien de quoi*, de quoi se plaindre ou de quoi tant parler. — 2. *Que je crois*, à ce que je crois. — 3. Expression empruntée à la *chiromancie*, ou art de lire la destinée dans la main.

Harpagon. — Comment ?

Frosine. — Ne voyez-vous pas jusqu'où va la ligne-là ?

Harpagon. — Hé bien ! qu'est-ce que cela veut dire ?

Frosine. — Par ma foi ! je disais cent ans ; mais vous passerez les six-vingts [1].

Harpagon. — Est-il possible ?

Frosine. — Il faudra vous assommer, vous dis-je ; et vous mettrez en terre et vos enfants et les enfants de vos enfants.

Harpagon. — Tant mieux ! Comment va notre affaire ?

Frosine. — Faut-il le demander ? et me voit-on mêler [2] de rien dont je ne vienne à bout ? J'ai surtout pour les mariages un talent merveilleux ; il n'est point de partis au monde que je ne trouve en peu de temps le moyen d'accoupler et je crois, si je me l'étais mis en tête, que je marierais le Grand Turc avec la République de Venise [3]. Il n'y avait pas, sans doute, de si grandes difficultés à cette affaire-ci. Comme j'ai commerce chez elles, je les ai à fond l'une et l'autre entretenues de vous, et j'ai dit à la mère le dessein que vous aviez conçu pour Mariane, à la voir passer dans la rue, et prendre l'air à sa fenêtre.

Harpagon. — Qui [4] a fait réponse...

Frosine. — Elle a reçu la proposition avec joie, et quand je lui ai témoigné que vous souhaitiez fort que sa fille assistât ce soir au contrat de mariage qui se doit faire [5] de la vôtre, elle y a consenti sans peine, et me l'a confiée pour cela.

Harpagon. — C'est que je suis obligé, Frosine, de

---

1. *Six vingts*, c'est-à-dire six fois vingt, cent vingt. Nous n'avons conservé de cette façon de compter, que *quatre-vingts, quatre-vingt dix (nonante)*, et l'expression *Quinze-Vingts (trois cents)*, qui désigne l'hôpital fondé par saint Louis pour les aveugles. — 2. *Me voit-on mêler...* Nous disons : *Me voit-on me mêler*, le premier *me* étant complément de *voit*, et le second appartenant au verbe *se mêler*. — 3. Cf. Rabelais (Liv. III, ch. 11). — 4. *Qui a fait réponse... Qui* se rapporte à la mère de Mariane. — 5. *Se doit faire*. Au XVIIe siècle, quand un pronom personnel est complément d'un infinitif qui dépend lui-même d'un verbe à un mode personnel, ce pronom se place *avant* le premier verbe. Cf. La Fontaine : *Il se faut entr'aider*.

donner à souper au seigneur Anselme; et je serai bien aise qu'elle soit du régale [1].

Frosine. — Vous avez raison. Elle doit après dîné rendre visite à votre fille, d'où elle fait son compte d'aller faire un tour à la foire, pour venir ensuite au soupé [2].

Harpagon. — Hé bien ! Elles iront ensemble dans mon carrosse [3], que je leur prêterai.

Frosine. — Voilà justement son affaire.

Harpagon. — Mais, Frosine, as-tu entretenu la mère touchant le bien qu'elle peut donner à sa fille ? Lui as-tu dit qu'il fallait qu'elle s'aidât un peu, qu'elle fît quelque effort, qu'elle se saignât pour une occasion comme celle-ci ? Car encore n'épouse-t-on point une fille sans qu'elle apporte quelque chose.

Frosine. — Comment ? c'est une fille qui vous apporte douze mille livres de rente.

Harpagon. — Douze mille livres de rente !

Frosine. — Oui. Premièrement, elle est nourrie et élevée dans une grande épargne de bouche [4]. C'est une fille accoutumée à vivre de salade, de lait, de fromage et de pommes, et à laquelle par conséquent il ne faudra ni table bien servie, ni consommés exquis, ni orges mondés [5] perpétuels, ni les autres délicatesses qu'il faudrait pour une autre femme; et cela ne va va pas à si peu de chose, qu'il [6] ne monte bien, tous les ans, à trois mille francs pour le moins. Outre cela, elle n'est curieuse que d'une propreté [7] fort simple et n'aime point les superbes habits, ni les riches bijoux, ni les meubles somptueux, où donnent ses pareilles avec tant de chaleur; et cet article-là vaut plus de quatre mille livres par an. De plus, elle a une aversion horrible pour le jeu, ce qui n'est pas commun aux femmes d'aujourd'hui; et j'en sais une de nos quartiers qui a perdu, à trente-et-quarante [8], vingt mille

---

1. *Régale* ou *régal*, de l'italien *regalo* (Cf. *gala*), se disait d'un repas d'un goûter, ou même d'un présent. — **2.** *Soupé*, orthographe souvent usitée au XVII⁰ siècle pour *souper*. (Cf. *Couché*). — **3.** Harpagon a un carrosse et de nombreux domestiques. Il est riche. Son avarice est donc bien un vice. — **4.** *Épargne de bouche*, tempérance. — **5.** *Orge mondé*. *Mondé* (latin *mundus*) signifie : purifié. — **6.** *Il* est neutre. — **7.** *Propreté*. Ce mot désigne souvent, au XVII⁰ siècle, l'*élégance*. — **8.** *Trente-et-quarante*, jeu de hasard qui se joue avec des cartes.

francs cette année. Mais n'en prenons que le quart. Cinq
mille francs au jeu par an, et quatre mille francs en habits
et bijoux, cela fait neuf mille livres; et mille écus que nous
mettons pour la nourriture, ne voilà-t-il pas par année vos
douze mille francs bien comptés?

Harpagon. — Oui, cela n'est pas mal; mais ce compte-là
n'est rien de réel.

Frosine. — Pardonnez-moi. N'est-ce pas quelque chose
de réel, que de vous apporter en mariage une grande
sobriété, l'héritage d'un grand amour de simplicité de
parure [1] et l'acquisition d'un grand fonds de haine pour le
jeu?

Harpagon. — C'est une raillerie que de vouloir me
constituer son dot [2] de toutes les dépenses qu'elle ne fera
point. Je n'irai point donner quittance de ce que je ne reçois
pas; et il faut bien que je touche quelque chose.

Frosine. — Mon Dieu! vous toucherez assez; et elles
m'ont parlé d'un certain pays où elles ont du bien, dont
vous serez le maître [3].

Harpagon. — Il faudra voir cela. Mais, Frosine, il y a
encore une chose qui m'inquiète. La fille est jeune, comme
tu vois; et les jeunes gens d'ordinaire n'aiment que leurs
semblables, ne cherchent que leur compagnie. J'ai peur
qu'un homme de mon âge ne soit pas de son goût; et que
cela ne vienne à produire chez moi certains petits désordres
qui ne m'accommoderaient pas.

Frosine. — Ah! que vous la connaissez mal! C'est
encore une particularité que j'avais à vous dire. Elle a une
aversion épouvantable pour tous les jeunes gens, et n'a
de l'amour que pour les vieillards.

Harpagon. — Elle?

Frosine. — Oui, elle. Je voudrais que vous l'eussiez
entendue parler là-dessus. Elle ne peut souffrir du tout la
vue d'un jeune homme; mais elle n'est point plus ravie,

---

1. *L'héritage d'un grand amour de simplicité...*, un amour héréditaire pour... — **2.** *Son dot, dot* est souvent masculin chez Molière.
(Cf. *École des Femmes*, v. 1058). Vaugelas le fait masculin; l'Académie, dès 1694, lui donne le genre féminin. — **3.** Ceci pour servir
à préparer la *reconnaissance* du dénouement.

dit-elle, que lorsqu'elle peut voir un beau vieillard avec une barbe majestueuse. Les plus vieux sont pour elle les plus charmants, et je vous avertis de n'aller pas vous faire plus jeune que vous êtes. Elle veut tout au moins qu'on soit sexagénaire; et il n'y a pas quatre mois encore qu'étant prête d'être mariée, elle rompit tout net le mariage, sur ce que son amant fit voir qu'il n'avait que cinquante-six ans, et qu'il ne prit point de lunettes pour signer le contrat.

Harpagon. — Sur cela seulement?

Frosine. — Oui. Elle dit que ce n'est pas contentement pour elle que cinquante-six ans; et surtout elle est pour les nez qui portent des lunettes.

Harpagon. — Certes, tu me dis là une chose toute nouvelle.

Frosine. — Cela va plus loin qu'on ne vous peut dire. On lui voit dans sa chambre quelques tableaux, quelques estampes; mais que pensez-vous que ce soit? Des Adonis? des Céphales? des Pâris et des Apollons [1]? Non : de beaux portraits de Saturne, du roi Priam, du vieux Nestor, et du bon père Anchise sur les épaules de son fils [2].

Harpagon. — Cela est admirable! Voilà ce que je n'aurais jamais pensé; et je suis bien aise d'apprendre qu'elle est de cette humeur. En effet, si j'avais été femme, je n'aurais point aimé les jeunes hommes.

Frosine. — Je le crois bien. Voilà de belles drogues que des jeunes gens, pour les aimer! Ce sont de beaux morveux, de beaux godelureaux [3], pour donner envie de leur peau; et je voudrais bien savoir quel ragoût il y a à eux?

---

1. *Adonis*, dieu du printemps, dont les Grecs célébraient chaque année la naissance et la mort, et qui était représenté sous les traits d'un jeune homme de la plus grande beauté; *Céphale*, époux de Procris, célèbre également par sa beauté. (Cf. Ovide, *Métamorphoses*); *Pâris*, fils de Priam, enleva Hélène et causa la fameuse guerre de Troie; *Apollon*, dieu du jour et de la poésie. — 2. *Saturne*, père de Jupiter, représenté sous les traits d'un vieillard; *Priam*, roi de Troie; *Nestor*, un des chefs grecs réunis devant Troie et qui avait « trois âges d'homme »; *Anchise*, père d'Énée, et que celui-ci, après la ruine de Troie, emporta sur ses épaules (Cf. Virgile, *Énéide*, livre II). — 3. *Godelureaux*. Ce mot semble dérivé de *gogue*, raillerie; il désigne ironiquement les jeunes gens à la mode.

Harpagon. — Pour moi, je n'y en comprends point; et je ne sais pas comment il y a des femmes qui les aiment tant.

Frosine. — Il faut être folle fieffée [1]. Trouver la jeunesse aimable ! est-ce avoir le sens commun ? Sont-ce des hommes, que de jeunes blondins ? et peut-on s'attacher à ces animaux-là ?

Harpagon. — C'est ce que je dis tous les jours : avec leur ton de poule laitée [2], et leurs trois brins de barbe relevés en barbe de chat, leurs perruques d'étoupe, leurs hauts-de-chausses tout tombants, et leurs estomacs débraillés [3] !

Frosine. — Eh ! cela est bien bâti, auprès d'une personne comme vous. Voilà un homme, cela. Il y a là de quoi satisfaire à la vue; et c'est ainsi qu'il faut être fait, et vêtu, pour donner de l'amour.

Harpagon. — Tu me trouves bien ?

Frosine. — Comment ? vous êtes à ravir, et votre figure est à peindre. Tournez-vous un peu, s'il vous plaît. Il ne se peut pas mieux. Que je vous voie marcher. Voilà un corps taillé, libre, et dégagé, comme il faut, et qui ne marque aucune incommodité.

Harpagon. — Je n'en ai pas de grandes, Dieu merci. Il n'y a que ma fluxion, qui me prend de temps en temps [4].

Frosine. — Cela n'est rien. Votre fluxion ne vous sied point mal, et vous avez grâce à tousser.

Harpagon. — Dis-moi un peu : Mariane ne m'a-t-elle point encore vu ? N'a-t-elle point pris garde à moi en passant ?

Frosine. — Non; mais nous nous sommes fort entretenues de vous. Je lui ai fait un portrait de votre personne; et je n'ai pas manqué de lui vanter votre mérite et l'avantage que ce lui serait d'avoir un mari comme vous.

Harpagon. — Tu as bien fait, et je t'en remercie.

---

1. *Fieffée.* Étymologie *fief.* Une *folle fieffée* est celle qui possède la folie comme un *fief,* un bien personnel. — 2. *Poule laitée,* personne efféminée (poule nourrie de lait ?). — 3. *Estomacs débraillés.* Le justaucorps court des jeunes élégants laissait passer la chemise bouffante. — 4. *Fluxion.* Molière fait allusion ici à la toux catarrhale dont il souffrait. Dès lors, les accès qui peuvent lui prendre pendant la représentation, feront ainsi partie du rôle.

Frosine. — J'aurais, Monsieur, une petite prière à vous faire. (*Il prend son air sévère.*) J'ai un procès que je suis sur le point de perdre, faute d'un peu d'argent; et vous pourriez facilement me procurer le gain de ce procès, si vous aviez quelque bonté pour moi... Vous ne sauriez croire le plaisir qu'elle aura de vous voir. (*Il reprend son air gai.*) Ah ! que vous lui plairez ! et que votre fraise à l'antique [1] fera sur son esprit un effet admirable ! Mais surtout elle sera charmée de votre haut-de-chausses, attaché au pourpoint avec des aiguillettes [2] : c'est pour la rendre folle de vous; et un amant aiguilleté fera pour elle un ragoût merveilleux.

Harpagon. — Certes tu me ravis de me dire cela.

Frosine. — En vérité, Monsieur, ce procès m'est d'une conséquence tout à fait grande. (*Il reprend son visage sévère.*) Je suis ruinée, si je le perds : et quelque petite assistance me rétablirait mes affaires... Je voudrais que vous eussiez vu le ravissement où elle était à m'entendre parler de vous. (*Il reprend son air gai.*) La joie éclatait dans ses yeux, au récit de vos qualités, et je l'ai mise enfin dans une impatience extrême de voir ce mariage entièrement conclu.

Harpagon. — Tu m'as fais grand plaisir, Frosine : et je t'en ai, je te l'avoue, toutes les obligations du monde.

Frosine. — Je vous prie, Monsieur, de me donner le petit secours que je vous demande. (*Il reprend son air sérieux.*) Cela me remettra sur pied, et je vous en serai éternellement obligée.

Harpagon. — Adieu. Je vais achever mes dépêches.

Frosine. — Je vous assure, Monsieur, que vous ne sauriez jamais me soulager dans un plus grand besoin.

Harpagon. — Je mettrai ordre que mon carrosse soit tout prêt pour vous mener à la foire.

Frosine. — Je ne vous importunerais pas, si je ne m'y voyais forcée par la nécessité.

Harpagon. — Et j'aurai soin qu'on soupe de bonne heure, pour ne vous point faire malades.

---

1. *Fraise à l'antique.* Harpagon continue à porter, au lieu du collet plat, la fraise tuyautée à la mode sous Henri IV. — 2. *Aiguillettes.* Cf. p. 23, note 4.

Frosine. — Ne me refusez pas la grâce dont je vous sollicite. — Vous ne sauriez croire, Monsieur, le plaisir que...

Harpagon. — Je m'en vais. Voilà qu'on m'appelle. Jusqu'à tantôt.

Frosine, *seule.* — Que la fièvre te serre, chien de vilain, à tous les diables ! Le ladre a été ferme à [1] toutes mes attaques ; mais il ne me faut pas pourtant quitter la négociation ; et j'ai l'autre côté [2], en tous cas, d'où je suis assurée de tirer bonne récompense.

---

1. *A été ferme à...* a résisté fermement à... — **2.** *L'autre côté.* Il s'agit de Cléante, que Frosine servira auprès de Mariane, puisqu'elle ne trouve aucun profit à s'occuper d'Harpagon.

· ACTE TROISIÈME

SCÈNE I

HARPAGON, CLÉANTE, ÉLISE, VALÈRE, DAME CLAUDE, MAITRE JACQUES, BRINDAVOINE, LA MERLUCHE

Harpagon. — Allons, venez çà tous, que je vous distribue mes ordres pour tantôt et règle à chacun son emploi. Approchez, dame Claude. Commençons par vous. (*Elle tient un balai.*) Bon, vous voilà les armes à la main. Je vous commets [1] au soin de nettoyer partout : et surtout prenez garde de ne point frotter les meubles trop fort, de peur de les user. Outre cela, je vous constitue, pendant le soupé, au gouvernement des bouteilles ; et s'il s'en écarte quelqu'une et qu'il se casse quelque chose, je m'en prendrai à vous et le rabattrai sur vos gages.

Maître Jacques, — Châtiment politique [2].

Harpagon. — Allez. Vous, Brindavoine, et vous, la Merluche, je vous établis dans la charge de rincer les verres et de donner à boire, mais seulement lorsqu'on aura soif, et non pas selon la coutume de certains impertinents de laquais, qui viennent provoquer les gens, et les faire aviser de boire lorsqu'on n'y songe pas. Attendez qu'on vous en demande plus d'une fois, et vous ressouvenez de porter toujours beaucoup d'eau.

Maître Jacques. — Oui : le vin pur monte à la tête.

La Merluche. — Quitterons-nous nos siquenilles [3], Monsieur ?

Harpagon. — Oui, quand vous verrez venir les personnes ; et gardez bien de gâter vos habits.

---

1. *Commets*, confie. (Cf. *commis*, *commission*). — 2. *Politique*, dans le sens de *calculé*, *intéressé*. — 3. *Siquenilles*, ou *souquenilles*, vêtement de toile que le laquais porte (comme le soldat, le bourgeron) pour ménager sa livrée.

Brindavoine. — Vous savez bien, Monsieur, qu'un des devants de mon pourpoint est couvert d'une grande tache de l'huile de la lampe.

La Merluche. — Et moi, Monsieur, que j'ai mon haut-de-chausses tout troué par derrière, et qu'on me voit, révérence parler [1]...

Harpagon. — Paix. Rangez cela adroitement du côté de la muraille et présentez toujours le devant au monde. Et vous, tenez toujours votre chapeau ainsi, lorsque vous servirez. (*Harpagon met son chapeau au-devant de son pourpoint, pour montrer à Brindavoine comment il doit faire pour cacher la tache d'huile.*) Pour vous, ma fille, vous aurez l'œil sur ce que l'on desservira, et prenez garde qu'il ne s'en fasse aucun dégât. Cela sied bien aux filles. Mais cependant préparez-vous à bien recevoir ma maîtresse [2], qui vous doit venir visiter et vous mener avec elle à la foire. Entendez-vous ce que je vous dis ?

Élise. — Oui, mon père.

Harpagon. — Et vous, mon fils le Damoiseau [3], à qui j'ai la bonté de pardonner l'histoire de tantôt, ne vous allez pas aviser non plus de lui faire mauvais visage.

Cléante. — Moi, mon père, mauvais visage ? Et par quelle raison ?

Harpagon. — Mon Dieu ! nous savons le train [4] des enfants dont les pères se remarient, et de quel œil ils ont coutume de regarder ce qu'on appelle belle-mère. Mais si vous souhaitez que je perde le souvenir de votre dernière fredaine, je vous recommande surtout de régaler [5] d'un bon visage cette personne-là, et de lui faire enfin tout le meilleur accueil qu'il vous sera possible.

Cléante. — A vous dire le vrai, mon père, je ne puis pas vous promettre d'être bien aise qu'elle devienne ma belle-

---

1. *Révérence parler*, c'est-à-dire, *à vous parler avec révérence, sans intention de vous offenser.* — 2. *Maîtresse.* Ce mot s'emploie au XVIIe siècle pour désigner la personne aimée, et a presque le sens de *fiancée.* — 3. *Damoiseau*, diminutif de *dame* (latin *dominus*, seigneur), se disait au moyen âge du jeune homme qui n'était pas encore chevalier. Au XVIIᵉ siècle, *damoiseau* a un sens ironique, et désigne un jeune élégant. — 4. *Le train*, la manière. — 5. *Régaler.* Cf. p. 43, note 1.

mère : je mentirais, si je vous le disais ; mais pour ce qui est
de la bien recevoir, et de lui faire bon visage, je vous promets
de vous obéir ponctuellement sur ce chapitre.

Harpagon. — Prenez-y garde, au moins.

Cléante. — Vous verrez que vous n'aurez pas sujet de
vous en plaindre.

Harpagon. — Vous ferez sagement. Valère, aide-moi
à ceci. Ho çà ! maître Jacques, approchez-vous, je vous ai
gardé pour le dernier.

Maître Jacques. — Est-ce à votre cocher, Monsieur, ou
bien à votre cuisinier, que vous voulez parler ? car je suis
l'un et l'autre.

Harpagon. — C'est à tous les deux.

Maître Jacques. — Mais à qui des deux le premier ?

Harpagon. — Au cuisinier.

Maître Jacques. — Attendez donc, s'il vous plaît.

(*Il ôte sa casaque de cocher et paraît vêtu en cuisinier.*)

Harpagon. — Quelle diantre de cérémonie est-ce cela ?

Maître Jacques. — Vous n'avez qu'à parler.

Harpagon. — Je me suis engagé, maître Jacques, à
donner ce soir à souper.

Maître Jacques. — Grande merveille.

Harpagon. — Dis-moi un peu, nous feras-tu bonne
chère [1] ?

Maître Jacques. — Oui, si vous me donnez bien de
l'argent.

Harpagon. — Que diable, toujours de l'argent ! Il
semble qu'ils n'aient autre chose à dire : « De l'argent, de
l'argent, de l'argent ! » Toujours parler d'argent. Voilà leur
épée de chevet [2], de l'argent !

---

1. *Bonne chère, Chère* vient du latin *cara*, tête, visage. *Faire bonne
chère à quelqu'un* signifie donc d'abord : bien accueillir un hôte, —
puis, le bien traiter, lui offrir un bon repas, — enfin, *bien manger*,
avec ou sans hôte. — **2.** *Épée de chevet*, l'épée qu'on suspendait la
nuit, à son chevet, pour s'en servir à la première alerte. De là : objet
familier et nécessaire, dont on ne se sépare jamais.

Valère. — Je n'ai jamais vu de réponse plus impertinente [1] que celle-là. Voilà une belle merveille de faire bonne
chère avec bien de l'argent : c'est une chose la plus aisée du
monde, et il n'y a si pauvre esprit qui n'en fît bien autant ;
mais pour agir en habile homme, il faut parler de faire bonne
chère avec peu d'argent.

Maître Jacques. — Bonne chère avec peu d'argent !

Valère. — Oui.

Maître Jacques. — Par ma foi, Monsieur l'intendant,
vous nous obligerez de nous faire voir ce secret, et de prendre
mon office de cuisinier : aussi bien vous mêlez-vous céans
d'être le factoton [2].

Harpagon. — Taisez-vous. Qu'est-ce qu'il nous faudra ?

Maître Jacques. — Voilà Monsieur votre intendant qui
vous fera bonne chère pour peu d'argent.

Harpagon. — Haye ! je veux que tu me répondes.

Maître Jacques. — Combien serez-vous de gens à
table ?

Harpagon. — Nous serons huit ou dix : mais il ne faut
prendre que huit : quand il y a à manger pour huit, il y a
bien pour dix.

Valère. — Cela s'entend.

Maître Jacques. — Hé bien ! il faudra quatre grands
potages, et cinq assiettes [3]... Potages... Entrées...

Harpagon. — Que diable ! voilà pour traiter toute une
ville entière.

Maître Jacques. — Rôt...

Harpagon, *en lui mettant la main sur la bouche.* — Ah !
traître, tu manges tout mon bien.

Maître Jacques. — Entremets...

---

1 *Impertinente.* Cf. p. 13, note 3. — 2. *Factoton.* Forme populaire
du latin *factotum*, celui qui se mêle de tout. — 3. *Potages :* les *potages*
n'étaient pas, comme aujourd'hui, de simples *soupes* ou *consommés*.
Boileau, dans le *Repas ridicule* (Sat. III), dit : *Cependant on apporte
un* potage. *Un coq y paraissait en pompeux équipage.* — Les *cinq assiettes* sont des *entrées.*

Harpagon. — Encore ?

Valère. — Est-ce que vous avez envie de faire crever tout le monde ? et Monsieur a-t-il invité des gens pour les assassiner à force de mangeaille ? Allez-vous en lire un peu les préceptes de la santé, et demander aux médecins s'il y a rien de plus préjudiciable à l'homme que de manger avec excès.

Harpagon. — Il a raison.

Valère. — Apprenez, maître Jacques, vous et vos pareils, que c'est un coupe-gorge qu'une table remplie de trop de viandes [1] ; que pour se montrer ami de ceux que l'on invite, il faut que la frugalité règne dans les repas qu'on donne et que, suivant le dire d'un ancien, *il faut manger pour vivre, et non pas vivre pour manger* [2].

Harpagon. — Ah ! que cela est bien dit ! Approche, que je t'embrasse pour ce mot. Voilà la plus belle sentence que j'aie entendue de ma vie. *Il faut vivre pour manger, et non pas manger pour vi...* Non, ce n'est pas cela. Comment est-ce que tu dis ?

Valère. — Qu'*il faut manger pour vivre, et non pas vivre pour manger.*

Harpagon. — Oui. Entends-tu ? Qui est le grand homme qui a dit cela ?

Valère. — Je ne me souviens pas maintenant de son nom.

Harpagon. — Souviens-toi de m'écrire ces mots : je veux les faire graver en lettres d'or sur la cheminée de ma salle.

Valère. — Je n'y manquerai pas. Et pour votre souper vous n'avez qu'à me laisser faire : je réglerai tout cela comme il faut.

Harpagon. — Fais donc.

1. *Viandes* (latin *vivenda*, choses dont on vit) a fréquemment au XVIIe siècle son sens étymologique, et s'applique à tous les mets. — 2. Ce précepte est attribué à Socrate par Plutarque *(Comment il faut que les jeunes gens lisent les poètes)* ; il se trouve également dans la *Rhétorique à Hérennius*. Les Romains l'écrivaient ainsi : E. V. V. N. V. V. E. *(ede ut vivas : ne vivas ut edas).*

Maître Jacques. — Tant mieux : j'en aurai moins de peine.

Harpagon. — Il faudra de ces choses dont on ne mange guère, et qui rassasient d'abord : quelque bon haricot bien gras [1], avec quelque pâté en pot bien garni de marrons.

Valère. — Reposez-vous sur moi.

Harpagon. — Maintenant, maître Jacques, il faut nettoyer mon carrosse.

Maître Jacques. — Attendez. Ceci s'adresse au cocher. (*Il remet sa casaque.*) Vous dites...

Harpagon. — Qu'il faut nettoyer mon carrosse et tenir mes chevaux tout prêts pour conduire à la foire...

Maître Jacques. — Vos chevaux, Monsieur ? Ma foi, ils ne sont point du tout en état de marcher. Je ne vous dirai point qu'ils sont sur la litière, les pauvres bêtes n'en ont point, et ce serait fort mal parler; mais vous leur faites observer des jeûnes si austères, que ce ne sont plus rien que des idées ou des fantômes, des façons de chevaux [2].

Harpagon. — Les voilà bien malades; ils ne font rien.

Maître Jacques. — Et pour ne rien faire, Monsieur, est-ce qu'il ne faut rien manger ? Il leur vaudrait bien mieux, les pauvres animaux, de travailler beaucoup, de manger de même [3]. Cela me fend le cœur, de les voir ainsi exténués; car enfin j'ai une [4] tendresse pour mes chevaux, qu'il me semble que c'est moi-même, quand je les vois pâtir; je m'ôte tous les jours pour eux les choses de la bouche; et c'est être, Monsieur, d'un naturel trop dur que de n'avoir nulle pitié de son prochain.

Harpagon. — Le travail ne sera pas grand, d'aller jusqu'à la foire.

Maître Jacques. — Non, Monsieur, je n'ai pas le cou-

---

1. *Haricot de mouton.* « Ragoût fait avec du mouton coupé en morceaux, des pommes de terre et des navets. » (Littré). *Haricot* est ici, un terme de boucherie, venu probablement du vieux français *haligot*, pièce, morceau. — 2. *Façons*, apparences. — 3. *Il vaudrait mieux, de...* Cf. *Dom Juan*, II, 1 : « Il me *vaudrait* bien *mieux d'*être au diable que d'être à lui. » — 4. *Une...* nous ajouterions *telle.*

rage de les mener, et je ferais conscience' de leur donner des coups de fouet, en l'état où ils sont. Comment voudriez-vous qu'ils traînassent un carrosse, qu'ils [1] ne peuvent pas se traîner eux-mêmes ?

Valère. — Monsieur, j'obligerai le voisin Picard à se charger de les conduire : aussi bien nous fera-t-il ici besoin pour apprêter le soupé.

Maître Jacques. — Soit : j'aime mieux encore qu'ils meurent sous la main d'un autre que sous la mienne.

Valère. — Maître Jacques fait bien le raisonnable !

Maître Jacques. — Monsieur l'intendant fait bien le nécessaire [2] !

Harpagon. — Paix !

Maître Jacques. — Monsieur, je ne saurais souffrir les flatteurs ; et je vois ce que qu'il en fait, que ses contrôles perpétuels sur le pain et le vin, le bois, le sel, et la chandelle ne sont rien que pour vous gratter [3] et vous faire sa cour. J'enrage de cela, et je suis fâché tous les jours d'entendre ce qu'on dit de vous ; car enfin je me sens pour vous de la tendresse, en dépit que j'en aie ; et après mes chevaux, vous êtes la personne que j'aime le plus.

Harpagon. — Pourrais-je savoir de vous, maître Jacques, ce que l'on dit de moi ?

Maître Jacques. — Oui, Monsieur, si j'étais assuré que cela ne vous fâchât point.

Harpagon. — Non, en aucune façon.

Maître Jacques. — Pardonnez-moi : je sais fort bien que je vous mettrais en colère.

Harpagon. — Point du tout : au contraire, c'est me faire plaisir, et je suis bien aise d'apprendre comme on parle de moi.

Maître Jacques. — Monsieur, puisque vous le voulez, je vous dirai franchement qu'on se moque partout de vous ;

---

1. *Qu'ils...* nous dirions : *alors qu'ils...* — 2. *Faire le nécessaire,* c'est se croire indispensable, trancher toutes les questions..., etc. Dans le jargon précieux, on appelle *nécessaire* un valet ; mais ici, ce n'est pas le sens. — 3. *Gratter,* dans le sens de *flatter.*

qu'on nous jette de tous côtés cent brocards [1] à votre sujet;
et que l'on n'est point plus ravi que de vous tenir au cul et
aux chausses, et de faire sans cesse des contes de votre lésine.
L'un dit que vous faites imprimer des almanachs particuliers,
où vous faites doubler les quatre-temps et les vigiles, afin de
profiter des jeûnes où vous obligez votre monde. L'autre,
que vous avez toujours une querelle toute prête à faire à vos
valets dans le temps des étrennes, ou de leur sortie d'avec
vous, pour vous trouver une raison de ne leur donner rien.
Celui-là conte qu'une fois vous fîtes assigner le chat d'un de
vos voisins pour avoir mangé un reste de gigot de mouton [2].
Celui-ci, que l'on vous surprit une nuit, en venant dérober
vous-même l'avoine de vos chevaux; et que votre cocher, qui
était celui d'avant moi, vous donna dans l'obscurité je ne sais
combien de coups de bâton, dont vous ne voulûtes rien
dire [3]. Enfin voulez-vous que je vous dise ? On ne saurait
aller nulle part où l'on ne vous entende accommoder de
toutes pièces; vous êtes la fable et la risée de tout le monde;
et jamais on ne parle de vous, que sous les noms d'avare, de
ladre, de vilain et de fesse-mathieu [4].

Harpagon, *en le battant.* — Vous êtes un sot, un maraud,
un coquin, et un impudent.

Maître Jacques. — Hé bien ! ne l'avais-je pas deviné ?
Vous ne m'avez pas voulu croire : je vous avais bien dit que
je vous fâcherais de vous dire la vérité.

Harpagon. — Apprenez à parler.

SCÈNE II

MAITRE JACQUES, VALÈRE

Valère. — A ce que je puis voir, maître Jacques, on
paye mal votre franchise.

---

1. *Brocards,* traits satiriques. (Vient du nom de *Brocard* ou *Bur-chard,* évêque de Worms, au XIe siècle, qui avait fait un gros livre de sentences.) — 2. Imité de *l'Aululaire* de Plaute. « Un milan lui enleva un morceau de viande : notre homme court tout éploré au préteur : il remplit tout de ses cris, de ses lamentations, et demande qu'on lance contre le milan un ordre de comparaître »... Cf. *les Plaideurs,* où un chien est assigné pour avoir volé un chapon; c'est chez Racine, une imitation des *Guêpes* d'Aristophane. — 3. Ce trait est raconté du car-dinal Angeloto, par Aubry. (*Histoire générale des cardinaux,* II, p. 165; 1642.) — 4. *Fesse-mathieu.* Cf. p. 32, note 2.

Maître Jacques. — Morbleu ! Monsieur le nouveau venu, qui faites l'homme d'importance, ce n'est pas votre affaire. Riez de vos coups de bâton quand on vous en donnera, et ne venez point rire des miens.

Valère. — Ah ! Monsieur maître Jacques, ne vous fâchez pas, je vous prie.

Maître Jacques, *à part.* — Il file doux. Je veux faire le brave, et s'il est assez sot pour me craindre, le frotter quelque peu. (*Haut.*) Savez-vous bien, Monsieur le rieur, que je ne ris pas, moi, et que si vous m'échauffez la tête, je vous ferai rire d'une autre sorte ?

(*Maître Jacques pousse Valère jusqu'au bout du théâtre, en le menaçant.*)

Valère. — Eh ! doucement.

Maître Jacques. — Comment, doucement ? il ne me plaît pas moi.

Valère. — De grâce !

Maître Jacques. — Vous êtes un impertinent.

Valère. — Monsieur maître Jacques...

Maître Jacques. — Il n'y a point de Monsieur maître Jacques pour un double [1]. Si je prends un bâton, je vous rosserai d'importance.

Valère. — Comment ! un bâton ? (*Valère le fait reculer autant qu'il l'a fait.*)

Maître Jacques. — Eh ! je ne parle pas de cela.

Valère. — Savez-vous bien, Monsieur le fat [2], que je suis homme à vous rosser vous-même ?

Maître Jacques. — Je n'en doute pas.

Valère. — Que vous n'êtes, pour tout potage, qu'un faquin de cuisinier ?

Maître Jacques. — Je le sais bien.

Valère. — Et que vous ne me connaissez pas encore ?

---

1. *Un double* valait *deux deniers*. Dans ce proverbe, il est l'équivalent de somme double, *rien*. — 2. *Fat* signifie le plus souvent, au XVIIᵉ siècle, *sot*, *imbécile*. Aujourd'hui, le mot désigne un *sot vaniteux*.

Maître Jacques. — Pardonnez-moi [1].

Valère. — Vous me rosserez, dites-vous ?

Maître Jacques. — Je le disais en raillant.

Valère. — Et moi, je ne prends point de goût à votre raillerie. (*Il lui donne des coups de bâton.*) Apprenez que vous êtes un mauvais railleur.

Maître Jacques. — Peste soit de la sincérité ! c'est un mauvais métier. Désormais j'y renonce, et je ne veux plus dire vrai. Passe encore pour mon maître : il a quelque droit de me battre ; mais pour ce Monsieur l'intendant, je m'en vengerai si je le puis [2].

SCÈNE III

FROSINE, MARIANE, MAITRE JACQUES

Frosine. — Savez-vous, maître Jacques, si votre maître est au logis ?

Maître Jacques. — Oui vraiment, il y est, je ne le sais que trop.

Frosine. — Dites-lui, je vous prie, que nous sommes ici.

SCÈNE IV

MARIANE, FROSINE

Mariane. — Ah ! que je suis, Frosine, dans un étrange état : et s'il faut dire ce que je sens, que j'appréhende cette vue !

Frosine. — Mais pourquoi, et quelle est votre inquiétude ?

Mariane. — Hélas ! me le demandez-vous ? et ne vous figurez-vous point les alarmes d'une personne toute prête à voir le supplice où l'on veut l'attacher ?

---

1. *Pardonnez-moi*, c'est-à-dire : *Si, je vous connais bien.* — 2. Molière prépare ainsi la scène (acte V, sc. 1) où maître Jacques accusera Valère d'avoir volé la cassette.

Frosine. — Je vois bien que, pour mourir agréablement, Harpagon n'est pas le supplice que vous voudriez embrasser ; et je connais à votre mine que le jeune blondin dont vous m'avez parlé vous revient un peu dans l'esprit.

Mariane. — Oui, c'est une chose, Frosine, dont je ne veux pas me défendre ; et les visites respectueuses qu'il a rendues chez nous ont fait, je vous l'avoue, quelque effet dans mon âme.

Frosine. — Mais avez-vous su quel il est ?

Mariane. — Non, je ne sais point quel il est ; mais je sais qu'il est fait d'un air à se faire aimer ; que si l'on pouvait mettre les choses à mon choix, je le prendrais plutôt qu'un autre ; et qu'il ne contribue pas peu à me faire trouver un tourment effroyable dans l'époux qu'on veut me donner.

Frosine. — Mon Dieu ! tous ces blondins sont agréables et débitent fort bien leur fait ; mais la plupart sont gueux comme des rats ; il vaut mieux pour vous de [1] prendre un vieux mari qui vous donne beaucoup de bien. Je vous avoue qu'il y a quelques petits dégoûts à essuyer avec un tel époux ; mais cela n'est pas pour durer, et sa mort, croyez-moi, vous mettra bientôt en état d'en prendre un plus aimable, qui réparera toutes choses.

Mariane. — Mon Dieu ! Frosine, c'est une étrange affaire, lorsque, pour être heureuse, il faut souhaiter ou attendre le trépas de quelqu'un, et la mort ne suit pas tous les projets que nous faisons.

Frosine. — Vous moquez-vous ? Vous ne l'épousez qu'aux conditions de vous laisser veuve bientôt ; et ce doit être là un des articles du contrat. Il serait bien impertinent de ne pas mourir dans trois mois. Le voici en propre personne.

Mariane. — Ah ! Frosine, quelle figure !

SCÈNE V

HARPAGON, FROSINE, MARIANE

Harpagon. — Ne vous offensez pas, ma belle, si je viens

---

1. *Il vaut mieux de...* Cf. p. 54, note 3.

à vous avec des lunettes. Je sais que vos appas frappent assez les yeux, sont assez visibles d'eux-mêmes, et qu'il n'est pas besoin de lunettes pour les apercevoir; mais enfin c'est avec des lunettes qu'on observe les astres, et je maintiens et garantis que vous êtes un astre, mais un astre le plus bel astre qui soit dans le pays des astres [1]. Frosine, elle ne répond mot, et ne témoigne, ce me semble, aucune joie de me voir.

Frosine. — C'est qu'elle est encore toute surprise; et puis, les filles ont toujours honte à témoigner d'abord ce qu'elles ont dans l'âme.

Harpagon. — Tu as raison. Voilà, belle mignonne, ma fille qui vient vous saluer.

SCÈNE VI

ÉLISE, HARPAGON, MARIANE, FROSINE

Mariane. — Je m'acquitte bien tard, Madame, d'une telle visite.

Élise. — Vous avez fait, Madame, ce que je devais faire et c'était à moi de vous prévenir.

Harpagon. — Vous voyez qu'elle est grande; mais mauvaise herbe croît toujours.

Mariane, *bas à Frosine.* — O l'homme déplaisant !

Harpagon. — Que dit la belle ?

Frosine. — Qu'elle vous trouve admirable.

Harpagon. — C'est trop d'honneur que vous me faites, adorable mignonne.

Mariane, *à part.* — Quel animal !

Harpagon. — Je vous suis trop obligé de ces sentiments.

Mariane, *à part.* — Je n'y puis plus tenir.

Harpagon. — Voici mon fils aussi qui vous vient faire la révérence.

1. Cf. le compliment de M. Jourdain à Dorimène (*Bourgeois gentilhomme*, acte III, sc. 16) et celui de Thomas Diafoirus à Angélique (*Malade imaginaire*, acte II, sc. 8).

Mariane, *bas à Frosine.* — Ah ! Frosine, quelle rencontre. Ç'est justement celui dont je t'ai parlé.

Frosine, *à Mariane.* — L'aventure est merveilleuse !

Harpagon. — Je vois que vous vous étonnez de me voir de si grands enfants ; mais je serai bientôt défait de l'un et de l'autre.

SCÈNE VII

CLÉANTE, HARPAGON, ÉLISE, MARIANE, FROSINE

Cléante. — Madame, à vous dire le vrai, c'est une aventure où sans doute je ne m'attendais pas ; et mon père ne m'a pas peu surpris lorsqu'il m'a dit tantôt le dessein qu'il avait formé.

Mariane. — Je puis dire la même chose. C'est une rencontre imprévue qui m'a surprise autant que vous ; et je n'étais point préparée à une pareille aventure.

Cléante. — Il est vrai que mon père, Madame, ne peut pas faire un plus beau choix, et que ce m'est une sensible joie que l'honneur de vous voir ; mais avec tout cela je ne vous assurerai point que je me réjouis du dessein où vous pourriez être de devenir ma belle-mère. Le compliment, je vous l'avoue, est trop difficile pour moi ; et c'est un titre, s'il vous plaît, que je ne vous souhaite point. Ce discours paraîtra brutal aux yeux de quelques-uns ; mais je suis assuré que vous serez personne à le prendre comme il faudra ; que c'est un mariage, Madame, où vous vous imaginez bien que je dois avoir de la répugnance ; que vous n'ignorez pas, sachant ce que je suis, comme il choque mes intérêts ; et que vous voulez bien enfin que je vous dise, avec la permission de mon père, que si les choses dépendaient de moi, cet hymen ne se ferait point.

Harpagon. — Voilà un compliment bien impertinent [1] ! quelle belle confession à lui faire !

Mariane. — Et moi, pour vous répondre, j'ai à vous dire

1. *Impertinent,* cf. p. 13, note 3.

que les choses sont fort égales ; et que si vous auriez [1] de la répugnance à me voir votre belle-mère, je n'en aurais pas moins sans doute à vous voir mon beau-fils. Ne croyez pas, je vous prie, que ce soit moi qui cherche à vous donner cette inquiétude. Je serais fort fâchée de vous causer du déplaisir ; et si je m'y vois forcée par une puissance absolue, je vous donne ma parole que je ne consentirai point au mariage qui vous chagrine.

Harpagon. — Elle a raison : à sot compliment il faut une réponse de même. Je vous demande pardon, ma belle, de l'impertinence de mon fils. C'est un jeune sot qui ne sait pas encore la conséquence des paroles qu'il dit.

Mariane. — Je vous promets que ce qu'il m'a dit ne m'a pas du tout offensée ; au contraire, il m'a fait plaisir de m'expliquer ainsi ses véritables sentiments. J'aime de lui un aveu de la sorte ; et s'il avait parlé d'une autre façon, je l'en estimerais bien moins.

Harpagon. — C'est beaucoup de bonté à vous de vouloir ainsi excuser ses fautes. Le temps le rendra plus sage, et vous verrez qu'il changera de sentiments.

Cléante. — Non, mon père, je ne suis point capable d'en changer, et je prie instamment Madame de le croire.

Harpagon. — Mais voyez-vous quelle extravagance ! il continue encore plus fort.

Cléante. — Voulez-vous que je trahisse mon cœur ?

Harpagon. — Encore ? Avez-vous envie de changer de discours ?

Cléante. — Hé bien ! puisque vous voulez que je parle d'autre façon, souffrez, Madame, que je me mette ici à la place de mon père, et que je vous avoue que je n'ai rien vu dans le monde de si charmant que vous ; que je ne conçois rien d'égal au bonheur de vous plaire, et que le titre de votre époux est une gloire, une félicité que je préférerais aux destinées des plus grands princes de la terre. Oui, Madame, le

---

1. *Si vous auriez...* Au XVIIe siècle, on met le conditionnel après *si*, pour marquer, comme en latin une *supposition*, — et l'indicatif pour marquer un *fait*. Aujourd'hui ; *si* se construit toujours avec l'indicatif

bonheur de vous posséder est à mes regards la plus belle de toutes les fortunes ; c'est où j'attache toute mon ambition ; il n'y a rien que je ne sois capable de faire pour une conquête si précieuse, et les obstacles les plus puissants...

Harpagon. — Doucement, mon fils, s'il vous plaît.

Cléante. — C'est un compliment que je fais pour vous à Madame.

Harpagon. — Mon Dieu ! j'ai une langue pour m'expliquer moi-même, et je n'ai pas besoin d'un procureur [1] comme vous. Allons, donne des sièges.

Frosine. — Non ; il vaut mieux que de ce pas nous allions à la foire, afin d'en revenir plus tôt, et d'avoir tout le temps ensuite de vous entretenir.

Harpagon. — Qu'on mette donc les chevaux au carrosse. Je vous prie de m'excuser, ma belle, si je n'ai pas songé à vous donner un peu de collation [2] avant que de partir.

Cléante. — J'y ai pourvu, mon père, et j'ai fait apporter ici quelques bassins d'oranges de la Chine, de citrons doux et de confitures, que j'ai envoyé querir de votre part.

Harpagon, *bas à Valère.* — Valère !

Valère, *à Harpagon.* — Il a perdu le sens.

Cléante. — Est-ce que vous trouvez, mon père, que ce ne soit pas assez ? Madame aura la bonté d'excuser cela, s'il lui plaît.

Mariane. — C'est une chose qui n'était pas nécessaire.

Cléante. — Avez-vous jamais vu, Madame, un diamant plus vif que celui que vous voyez que mon père a au doigt ?

Mariane. — Il est vrai qu'il brille beaucoup.

Cléante. (*Il l'ôte du doigt de son père et le donne à Mariane.*) — Il faut que vous le voyiez de près.

Mariane. — Il est fort beau sans doute, et jette quantité de feux.

---

1. *Procureur* a ici le sens d'*interprète* (dans *le Bourgeois gentilhomme* et *les Femmes savantes*, Molière emploiera au propre et au figuré le mot *truchement*) ; mais *procureur* appartient au style des affaires, et, à ce titre, il convient mieux à Harpagon. — **2.** *Collation*, goûter.

Cléante. (*Il se met au-devant de Mariane, qui le veut rendre*). — Nenni, Madame, il est en de trop bonnes mains. C'est un présent que mon père vous fait.

Harpagon. — Moi?

Cléante. — N'est-il pas vrai, mon père, que vous voulez que Madame le garde pour l'amour de vous?

Harpagon, *bas à son fils*. — Comment?

Cléante. — Belle demande! Il me fait signe de vous le faire accepter.

Mariane. — Je ne veux point...

Cléante, *à Mariane.* — Vous moquez-vous? Il n'a garde de le reprendre.

Harpagon, *à part.* — J'enrage!

Mariane. — Ce serait...

Cléante, *en empêchant toujours Mariane de rendre la bague.* — Non, vous dis-je, c'est l'offenser.

Mariane. — De grâce...

Cléante. — Point du tout.

Harpagon, *à part.* — Peste soit...

Cléante. — Le voilà qui se scandalise de votre refus.

Harpagon, *bas, à son fils.* — Ah! traître.

Cléante, *à Mariane.* — Vous voyez qu'il se désespère.

Harpagon, *bas, à son fils en le menaçant.* — Bourreau que tu es!

Cléante. — Mon père, ce n'est pas ma faute. Je fais ce que je puis pour l'obliger à la garder; mais elle est obstinée.

Harpagon, *bas à son fils, avec emportement.* — Pendard!

Cléante. — Vous êtes cause, Madame, que mon père me querelle.

Harpagon, *bas à son fils, avec les mêmes grimaces.* — Le coquin!

Cléante. — Vous le ferez tomber malade. De grâce, Madame, ne résistez point davantage.

Frosine. — Mon Dieu ! que de façons ! Gardez la bague, puisque Monsieur le veut.

Mariane. — Pour ne point vous mettre en colère, je la garde maintenant; et je prendrai un autre temps pour vous la rendre.

SCÈNE VIII

HARPAGON, MARIANE, FROSINE, CLÉANTE, BRINDAVOINE, ÉLISE

Brindavoine. — Monsieur, il y a là un homme qui veut vous parler.

Harpagon. — Dis-lui que je suis empêché [1], et qu'il revienne une autre fois.

Brindavoine. — Il dit qu'il vous apporte de l'argent.

Harpagon. — Je vous demande pardon. Je reviens tout à l'heure [2].

SCÈNE IX

HARPAGON, MARIANE, CLÉANTE, ÉLISE, FROSINE, LA MERLUCHE

La Merluche. (*Il vient en courant et fait tomber Harpagon.*) — Monsieur...

Harpagon. — Ah ! je suis mort.

Cléante. — Qu'est-ce, mon père ? vous êtes-vous fait mal ?

Harpagon. — Le traître assurément a reçu de l'argent de mes débiteurs, pour me faire rompre le cou.

Valère. — Cela ne sera rien.

---

1. *Empêché*, retenu par une affaire. — 2. Cf. *Mariage forcé*, sc. I : « Si l'on m'apporte de l'argent, que l'on me vienne querir vite chez le seigneur Géronimo; et si l'on vient m'en demander, qu'on dise que je suis sorti et que je ne dois revenir de toute la journée. »

La Merluche. — Monsieur, je vous demande pardon, je croyais bien faire d'accourir vite.

Harpagon. — Que viens-tu faire ici, bourreau ?

La Merluche. — Vous dire que vos deux chevaux sont déferrés.

Harpagon. — Qu'on les mène promptement chez le maréchal.

Cléante. — En attendant qu'ils soient ferrés, je vais faire pour vous, mon père, les honneurs de votre logis, et conduire Madame dans le jardin, où je ferai porter la collation.

Harpagon. — Valère, aie un peu l'œil à tout cela ; et prends soin, je te prie, de m'en sauver le plus que tu pourras, pour le renvoyer au marchand.

Valère. — C'est assez.

Harpagon. — O fils impertinent [1], as-tu envie de me ruiner ?

1. *Impertinent*, cf. p. 13, note 3.

ACTE QUATRIÈME

SCÈNE I

CLÉANTE, MARIANE, ÉLISE, FROSINE

Cléante. — Rentrons ici, nous serons beaucoup mieux. Il n'y a plus autour de nous personne de suspect, et nous pouvons parler librement.

Élise. — Oui, Madame, mon frère m'a fait confidence de la passion qu'il a pour vous. Je sais les chagrins et les déplaisirs que sont capables de causer de pareilles traverses ; et c'est, je vous assure, avec une tendresse extrême que je m'intéresse à votre aventure.

Mariane. — C'est une douce consolation que de voir dans ses intérêts une personne comme vous ; et je vous conjure, Madame, de me garder toujours cette généreuse amitié, si capable de m'adoucir les cruautés de la fortune.

Frosine. — Vous êtes par ma foi ! de malheureuses gens l'un et l'autre de ne m'avoir point, avant tout ceci, avertie de votre affaire. Je vous aurais, sans doute, détourné cette inquiétude [1] et n'aurais point amené les choses où l'on voit qu'elles sont.

Cléante. — Que veux-tu ? C'est ma mauvaise destinée qui l'a voulu ainsi. Mais, belle Mariane, quelles résolutions sont les vôtres ?

Mariane. — Hélas ! suis-je en pouvoir de faire des résolutions ! Et dans la dépendance où je me vois, puis-je former que des souhaits [2] ?

Cléante. — Point d'autre appui pour moi dans votre cœur que de simples souhaits ? point de pitié officieuse [3] ? point de secourable bonté ? point d'affection agissante ?

1. Nous dirions : « J'aurais détourné de vous cette inquiétude. » — 2. *Former que des souhaits.* Dans cette phrase, *que* équivaut à *autre chose que.* — 3. *Officieuse,* complaisante. Une nouvelle *officieuse* est celle que l'on tient de la complaisance de quelqu'un.

Mariane. — Que saurais-je vous dire ? Mettez-vous en ma place et voyez ce que je puis faire. Avisez, ordonnez vous-même : je m'en remets à vous, et je vous crois trop raisonnable pour vouloir exiger de moi que ce qui peut m'être permis par l'honneur et la bienséance.

Cléante. — Hélas ! où me réduisez-vous, que de me renvoyer à ce que voudront me permettre les fâcheux sentiments d'un rigoureux honneur et d'une scrupuleuse bienséance ?

Mariane. — Mais que voulez-vous que je fasse ? Quand je pourrais passer sur quantité d'égards où notre sexe est obligé, j'ai de la considération pour ma mère. Elle m'a toujours élevée avec une tendresse extrême, et je ne saurais me résoudre à lui donner du déplaisir. Faites, agissez auprès d'elle, employez tous vos soins à gagner son esprit : vous pouvez faire et dire tout ce que vous voudrez, je vous en donne la licence ; et s'il ne tient qu'à me déclarer en votre faveur, je veux bien consentir à lui faire un aveu moi-même de tout ce que je sens pour vous.

Cléante. — Frosine, ma pauvre Frosine, voudrais-tu nous servir ?

Frosine. — Par ma foi ! faut-il le demander ? je le voudrais de tout mon cœur. Vous savez que de mon naturel je suis assez humaine ; le Ciel ne m'a point fait l'âme de bronze et je n'ai que trop de tendresse [1] à rendre de petits services, quand je vois des gens qui s'entr'aiment en tout bien et en tout honneur. Que pourrions-nous faire à ceci ?

Cléante. — Songe un peu, je te prie.

Mariane. — Ouvre-nous des lumières [2].

Élise. — Trouve quelque invention pour rompre ce que tu as fait.

Frosine. — Ceci est assez difficile. Pour votre mère, elle n'est pas tout à fait raisonnable, et peut-être pourrait-on la gagner et la résoudre à transporter au fils le don qu'elle veut faire au père. Mais le mal que j'y trouve, c'est que votre père est votre père.

---

1. « Je n'ai, par tendresse que trop de penchant à ... ». — 2. *Lumières*, idées, intelligence (Cf. *Clartés*).

Cléante. — Cela s'entend.

Frosine. — Je veux dire qu'il conservera du dépit si l'on montre qu'on le refuse et qu'il ne sera point d'humeur ensuite à donner son consentement à votre mariage. Il faudrait, pour bien faire, que le refus vînt de lui-même, et tâcher, par quelque moyen, de le dégoûter de votre personne.

Cléante. — Tu as raison.

Frosine. — Oui, j'ai raison, je le sais bien. C'est là ce qu'il faudrait; mais le diantre [1] est d'en pouvoir trouver les moyens. Attendez : si nous avions quelque femme un peu sur l'âge qui fût de mon talent, et jouât assez bien pour contrefaire une dame de qualité, par le moyen d'un train fait à la hâte, et d'un bizarre nom de marquise ou de vicomtesse que nous supposerions de la Basse-Bretagne, j'aurais assez d'adresse pour faire accroire à votre père que ce serait une personne riche, outre ses maisons, de cent mille écus en argent comptant; qu'elle serait éperdument amoureuse de lui, et souhaiterait de se voir sa femme, jusqu'à lui donner tout son bien par contrat de mariage; et je ne doute pas qu'il ne prêtât l'oreille à la proposition. Car enfin il vous aime fort, je le sais; mais il aime un peu plus l'argent; et quand, ébloui de ce leurre [2], il aurait une fois consenti à ce qui vous touche, il importerait peu ensuite qu'il se désabusât, en venant à vouloir voir clair aux effets [3] de notre marquise.

Cléante. — Tout cela est fort bien pensé.

Frosine. — Laissez-moi faire. Je viens de me ressouvenir d'une de mes amies qui sera notre fait.

Cléante. — Sois assurée, Frosine, de ma reconnaissance, si tu viens à bout de la chose. Mais, charmante Mariane, commençons, je vous prie, par gagner votre mère : c'est toujours beaucoup à faire que de rompre ce mariage. Faites-y de votre part, je vous en conjure, tous les efforts qu'il vous sera possible; servez-vous de tout le pouvoir que vous donne sur elle cette amitié qu'elle a pour vous; déployez sans réserves

---

1. *Le diantre* : le diable. — 2. *Leurre*, tromperie (terme de fauconnerie; le *leurre* était un morceau de cuir ou d'étoffe rouge, que l'on présentait de loin au faucon pour le rappeler, et que celui-ci prenait pour un morceau de viande). — 3. *Effets*, ce que posséderait effectivement.

les grâces éloquentes, les charmes tout-puissants que le Ciel a placés dans vos yeux et dans votre bouche ; et n'oubliez rien, s'il vous plaît, de ces tendres paroles, de ces douces prières et de ces caresses touchantes à qui je suis persuadé qu'on ne saurait rien refuser.

Mariane. — J'y ferai tout ce que je puis, et n'oublierai aucune chose.

SCÈNE II

HARPAGON, CLÉANTE, MARIANE, ÉLISE, FROSINE

Harpagon. (*A part.*) — Ouais ! mon fils baise la main de sa prétendue belle-mère, et sa prétendue belle-mère ne s'en défend pas fort. Y aurait-il quelque mystère là-dessous ?

Élise. — Voilà mon père.

Harpagon. — Le carrosse est tout prêt. Vous pouvez partir quand il vous plaira.

Cléante. — Puisque vous n'y allez pas, mon père, je m'en vais les conduire.

Harpagon. — Non, demeurez. Elles iront bien toutes seules et j'ai besoin de vous.

SCÈNE III

HARPAGON, CLÉANTE

Harpagon. — Or çà, intérêt [1] de belle-mère à part, que te semble à toi de cette personne ?

Cléante. — Ce qui m'en semble ?

Harpagon. — Oui, de son air, de sa taille, de sa beauté, de son esprit ?

Cléante. — Là, là.

Harpagon. — Mais encore ?

---

1. *Intérêt de...* Pour ce qui se rapporte à...

Cléante. — A vous en parler franchement, je ne l'ai pas trouvée ici ce que je l'avais crue. Son air est de franche coquette ; sa taille est assez gauche, sa beauté très médiocre, et son esprit des plus communs. Ne croyez pas que ce soit, mon père, pour vous en dégoûter ; car belle-mère pour belle-mère j'aime autant celle-là qu'une autre.

Harpagon. — Tu lui disais tantôt pourtant...

Cléante. — Je lui ai dit quelques douceurs en votre nom, mais c'était pour vous plaire.

Harpagon. — Si bien donc que tu n'aurais pas d'inclination pour elle ?

Cléante. — Moi ? point du tout.

Harpagon. — J'en suis fâché ; car cela rompt une pensée qui m'était venue dans l'esprit. J'ai fait, en la voyant ici, réflexion sur mon âge ; et j'ai songé qu'on pourra trouver à redire de me voir marier à une si jeune personne. Cette considération m'en a fait quitter le dessein ; et comme je l'ai fait demander, et que je suis pour elle engagé de parole, je te l'aurais donnée, sans l'aversion que tu témoignes.

Cléante. — A moi ?

Harpagon. — A toi.

Cléante. — En mariage ?

Harpagon. — En mariage.

Cléante. — Écoutez : il est vrai qu'elle n'est pas fort à mon goût ; mais, pour vous faire plaisir, mon père, je me résoudrai à l'épouser, si vous voulez.

Harpagon. — Moi ? Je suis plus raisonnable que tu ne penses : je ne veux point forcer ton inclination.

Cléante. — Pardonnez-moi, je me ferai cet effort pour l'amour de vous.

Harpagon. — Non, non : un mariage ne saurait être heureux où l'inclination n'est pas.

Cléante. — C'est une chose, mon père, qui peut-être viendra ensuite ; et l'on dit que l'amour est souvent un fruit du mariage.

Harpagon. — Non : du côté de l'homme on ne doit

point risquer l'affaire : et ce sont des suites fâcheuses, où je
n'ai garde de me commettre. Si tu avais senti quelque inclination pour elle, à la bonne heure : je te l'aurais fait épouser
au lieu de moi ; mais cela n'étant pas, je suivrai mon premier
dessein et je l'épouserai moi-même.

Cléante. — Hé bien ! mon père, puisque les choses sont
ainsi, il faut vous découvrir mon cœur, il faut vous révéler
notre secret. La vérité est que je l'aime, depuis un jour que
je la vis dans une promenade ; que mon dessein était tantôt
de vous la demander pour femme ; et que rien ne m'a retenu
que la déclaration de vos sentiments, et la crainte de vous
déplaire.

Harpagon. — Lui avez-vous rendu visite ?

Cléante. — Oui, mon père.

Harpagon. — Beaucoup de fois ?

Cléante. — Assez, pour le temps qu'il y a.

Harpagon. — Vous a-t-on bien reçu ?

Cléante. — Fort bien, mais sans savoir qui j'étais ; et
c'est ce qui a fait tantôt la surprise de Mariane.

Harpagon. — Lui avez-vous déclaré votre passion et le
dessein où vous étiez de l'épouser ?

Cléante. — Sans doute ; et même j'en avais fait à sa mère
quelque peu l'ouverture.

Harpagon. — A-t-elle écouté, pour sa fille, votre proposition ?

Cléante. — Oui, fort civilement.

Harpagon. — Et la fille correspond-elle fort à votre
amour ?

Cléante. — Si j'en dois croire les apparences, je me
persuade, mon père, qu'elle a quelque bonté pour moi.

Harpagon. — Je suis bien aise d'avoir appris un tel
secret ; et voilà justement ce que je demandais. Oh sus ! mon
fils, savez-vous ce qu'il y a ? c'est qu'il faut songer, s'il vous
plaît, à vous défaire de votre amour ; à cesser toutes vos
poursuites ! auprès d'une personne que je prétends [1] pour

---

1. *Prétends.* Ce verbe ne s'emploie plus comme transitif direct
en ce sens.

moi ; et à vous marier dans peu avec celle qu'on vous destine.

Cléante. — Oui, mon père, c'est ainsi que vous me jouez ! Hé bien ! puisque les choses en sont venues là, je vous déclare, moi, que je ne quitterai point la passion que j'ai pour Mariane, qu'il n'y a point d'extrémité où je ne m'abandonne pour vous disputer sa conquête, et que si vous avez pour vous le consentement d'une mère, j'aurai d'autres secours, peut-être, qui combattront pour moi.

Harpagon. — Comment, pendard ? tu as l'audace d'aller sur mes brisées [1] ?

Cléante. — C'est vous qui allez sur les miennes et je suis le premier en date.

Harpagon. — Ne suis-je pas ton père ? et ne me dois-tu pas respect ?

Cléante. — Ce ne sont point ici des choses où les enfants soient obligés de déférer aux pères ; et l'amour ne connaît personne.

Harpagon. — Je te ferai bien me connaître, avec de bons coups de bâton [2].

Cléante. — Toutes vos menaces ne feront rien.

Harpagon. — Tu renonceras à Mariane.

Cléante. — Point du tout.

Harpagon. — Donnez-moi un bâton tout à l'heure.

SCÈNE IV

MAITRE JACQUES, HARPAGON, CLÉANTE

Maître Jacques. — Eh, eh, eh, Messieurs, qu'est ceci, à quoi songez-vous [3] ?

---

1. *Brisées.* Terme de chasse. On marque, au moyen de branches *brisées*, les points où l'on reconnaît que le sanglier a l'habitude de passer. Chacun va se poster à *ses brisées*. De là le proverbe : *courir sur les brisées de quelqu'un*, pour : profiter d'une place préparée par un autre. — **2.** Le *bâton* nous fait rentrer dans la comédie, presque dans la farce. — **3.** Remarquer la *symétrie théâtrale* de cette scène. Maître Jacques ira de l'un à l'autre avec une sorte de parallélisme mécanique.

Cléante. — Je me moque de cela.

Maître Jacques. — Ah ! Monsieur, doucement.

Harpagon. — Me parler avec cette impudence !

Maître Jacques. — Ah ! Monsieur, de grâce.

Cléante. — Je n'en démordrai point.

Maître Jacques. — Hé quoi ? à votre père ?

Harpagon. — Laisse-moi faire.

Maître Jacques. — Hé quoi ? à votre fils ? Encore passe pour moi.

Harpagon. — Je te veux faire toi-même, maître Jacques, juge de cette affaire, pour montrer comme j'ai raison.

Maître Jacques. — J'y consens. (*A Cléante.*) Éloignez-vous un peu.

Harpagon. — J'aime une fille que je veux épouser ; et le pendard a l'insolence de l'aimer avec moi, et d'y prétendre malgré mes ordres.

Maître Jacques. — Ah ! il a tort.

Harpagon. — N'est-ce pas une chose épouvantable, qu'un fils qui veut entrer en concurrence avec son père ? et ne doit-il pas, par respect, s'abstenir de toucher à mes inclinations ?

Maître Jacques. — Vous avez raison. Laissez-moi lui parler, et demeurez là.

(*Il vient trouver Cléante à l'autre bout du théâtre.*)

Cléante. — Hé bien ! oui, puisqu'il veut te choisir pour juge, je n'y recule point [1] ; il ne m'importe qui ce soit [2] ; et je veux bien aussi me rapporter à toi [3], maître Jacques, de notre différend.

Maître Jacques. — C'est beaucoup d'honneur que vous me faites.

Cléante. — Je suis épris d'une jeune personne qui répond à mes vœux, et reçoit tendrement les offres de ma foi ; et mon père s'avise de venir troubler notre amour par la demande qu'il en fait faire.

---

1. *Je n'y recule point.* Y (latin *ibi*, là), sur cela. — 2. *Il ne m'importe qui ce soit.* Nous dirions : « Qui que ce soit, peu m'importe ». — 3. *Me rapporter à...* pour *m'en rapporter à.*

Maître Jacques. — Il a tort assurément.

Cléante. — N'a-t-il point de honte, à son âge, de songer à se marier ? lui sied-il bien d'être encore amoureux ? et ne devrait-il pas laisser cette occupation aux jeunes gens ?

Maître Jacques. — Vous avez raison, il se moque. Laissez-moi lui dire deux mots. (*Il vient à Harpagon.*) Hé bien ! votre fils n'est pas si étrange que vous le dites et il se met à la raison. Il dit qu'il sait le respect qu'il vous doit, qu'il ne s'est emporté que dans la première chaleur, et qu'il ne fera point refus de se soumettre à ce qu'il vous plaira, pourvu que vous vouliez le traiter mieux que vous ne faites, et lui donner quelque personne en mariage dont il ait lieu d'être content.

Harpagon. — Ah ! dis-lui, maître Jacques, que moyennant cela, il pourra espérer toutes choses de moi ; et que, hors Mariane, je lui laisse la liberté de choisir celle qu'il voudra.

Maître Jacques. — Laissez-moi faire. (*Il va au fils.*) Hé bien ! votre père n'est pas si déraisonnable que vous le faites ; et il m'a témoigné que ce sont vos emportements qui l'ont mis en colère ; qu'il n'en veut seulement qu'à [1] votre manière d'agir, et qu'il sera disposé à vous accorder ce que vous souhaitez, pourvu que vous vouliez vous y prendre par la douceur, et lui rendre les déférences, les respects, et les soumissions qu'un fils doit à son père.

Cléante. — Ah ! maître Jacques, tu peux lui assurer que, s'il m'accorde Mariane, il me verra toujours le plus soumis de tous les hommes ; et que jamais je ne ferai aucune chose que par ses volontés.

Maître Jacques, *à Harpagon.* — Cela est fait. Il consent à ce que vous dites.

Harpagon. — Voilà qui va le mieux du monde.

Maître Jacques, *à Cléante.* — Tout est conclu. Il est content de vos promesses.

Cléante. — Le Ciel en soit loué !

---

1. Dans la grammaire actuelle, *ne... que* et *seulement* formeraient pléonasme.

Maître Jacques. — Messieurs, vous n'avez qu'à parler ensemble : vous voilà d'accord maintenant; et vous alliez vous quereller, faute de vous entendre.

Cléante. — Mon pauvre maître Jacques, je te serai obligé toute ma vie.

Maître Jacques. — Il n'y a pas de quoi, Monsieur.

Harpagon. — Tu m'as fait plaisir, maître Jacques, et cela mérite une récompense.

(*Il tire son mouchoir de sa poche, ce qui fait croire à maître Jacques qu'il va lui donner quelque chose.*)

Maître Jacques. — Je vous baise les mains.

SCÈNE V

HARPAGON, CLÉANTE

Cléante. — Je vous demande pardon, mon père, de l'emportement que j'ai fait paraître.

Harpagon. — Cela n'est rien.

Cléante. — Je vous assure que j'en ai tous les regrets du monde.

Harpagon. — Et moi, j'ai toutes les joies du monde de te voir raisonnable.

Cléante. — Quelle bonté à vous d'oublier si vite ma faute !

Harpagon. — On oublie aisément les fautes des enfants lorsqu'ils rentrent dans leur devoir.

Cléante. — Quoi ? ne garder aucun ressentiment de toutes mes extravagances ?

Harpagon. — C'est une chose où[1] tu m'obliges par la soumission et le respect où tu te ranges.

Cléante. — Je vous promets, mon père, que, jusques au tombeau, je conserverai dans mon cœur le souvenir de vos bontés.

1. *Où*, à laquelle.

Harpagon. — Et moi, je te promets qu'il n'y aura aucune chose que de moi tu n'obtiennes [1].

Cléante. — Ah ! mon père, je ne vous demande plus rien ; et c'est assez m'avoir donné que de me donner Mariane.

Harpagon. — Comment ?

Cléante. — Je dis, mon père, que je suis trop content de vous, et que je trouve toutes choses dans la bonté que vous avez de m'accorder Mariane.

Harpagon. — Qui est-ce qui parle de t'accorder Mariane ?

Cléante. — Vous, mon père.

Harpagon. — Moi ?

Cléante. — Sans doute.

Harpagon. — Comment ? c'est toi qui as promis d'y renoncer.

Cléante. — Moi, y renoncer ?

Harpagon. — Oui.

Cléante. — Point du tout.

Harpagon. — Tu ne t'es pas départi [2] d'y prétendre ?

Cléante. — Au contraire, j'y suis plus porté que jamais.

Harpagon. — Quoi ? pendard, derechef [3] ?

Cléante. — Rien ne peut me changer.

Harpagon. — Laisse-moi faire, traître.

Cléante. — Faites tout ce qu'il vous plaira.

Harpagon. — Je te défends de me jamais voir.

Cléante. — A la bonne heure.

Harpagon. — Je t'abandonne.

Cléante. — Abandonnez.

Harpagon. — Je te renonce pour mon fils.

---

1. Cette *inversion* s'accorde bien avec le rythme de libre versification si sensible dans maints passages de la pièce. — **2.** *Se départir de*, renoncer à. — **3.** *Derechef*, de nouveau (en reprenant les choses du *chef*, de la tête).

Cléante. — Soit.

Harpagon. — Je te déshérite.

Cléante. — Tout ce que vous voudrez.

Harpagon. — Et je te donne ma malédiction.

Cléante. — Je n'ai que faire de vos dons.

SCÈNE VI

LA FLÈCHE, CLÉANTE

La Flèche. *sortant du jardin, avec une cassette.* — Ah ! Monsieur, que je vous trouve à propos, suivez-moi vite.

Cléante. — Qu'y a-t-il ?

La Flèche. — Suivez-moi, vous dis-je : nous sommes bien.

Cléante. — Comment ?

La Flèche. — Voici votre affaire.

Cléante. — Quoi ?

La Flèche. — J'ai guigné ceci tout le jour.

Cléante. — Qu'est-ce que c'est ?

La Flèche. — Le trésor de votre père, que j'ai attrapé.

Cléante. — Comment as-tu fait ?

La Flèche. — Vous saurez tout. Sauvons-nous, je l'entends crier.

SCÈNE VII

HARPAGON (*Il crie au voleur dès le jardin et vient sans chapeau.*)

Au voleur ! au voleur ! à l'assassin ! au meurtrier ! Justice, juste Ciel ! je suis perdu, je suis assassiné ! On m'a dérobé mon argent. Qui peut-ce être ? Qu'est-il devenu ? Où est-il ? Où se cache-t-il ? Que ferai-je pour le trouver ? Où courir ? Où ne pas courir ? N'est-il point là ? N'est-il point ici ? Qui

est-ce ? Arrête ! Rends-moi mon argent, coquin... (*Il se
prend lui-même le bras.*) Ah ! c'est moi ! Mon esprit est
troublé, et j'ignore où je suis, qui je suis et ce que je fais.
Hélas ! mon pauvre argent, mon pauvre argent, mon cher
ami ! on m'a privé de toi ; et puisque tu m'es enlevé, j'ai
perdu mon support [1], ma consolation, ma joie ; tout est fini
pour moi, et je n'ai plus que faire au monde : sans toi, il m'est
impossible de vivre. C'en est fait, je n'en puis plus ; je me
meurs, je suis mort, je suis enterré. N'y a-t-il personne qui
puisse me ressusciter, en me rendant mon cher argent, ou
en m'apprenant qui l'a pris ? Euh ? que dites-vous ? Ce n'est
personne. Il faut, qui que ce soit qui ait fait le coup, qu'avec
beaucoup de soin on ait épié l'heure ; et l'on a choisi justement le temps que je parlais à mon traître de fils. Sortons.
Je veux aller querir la justice, et faire donner la question [2]
à toute la maison : à servantes, à valets, à fils, à fille, et à moi
aussi. Que de gens assemblés [3] ! Je ne jette mes regards sur
personne qui ne me donne des soupçons, et tout me semble
mon voleur. Eh ! de quoi est-ce qu'on parle là ? De celui qui
m'a dérobé ? Quel bruit fait-on là-haut ? Est-ce mon voleur
qui y est ? De grâce, si l'on sait des nouvelles de mon voleur,
je supplie que l'on m'en dise. N'est-il point caché là parmi
vous ? Ils me regardent tous, et se mettent à rire. Vous verrez
qu'ils ont part sans doute au vol que l'on m'a fait. Allons
vite, des commissaires, des archers, des prévôts, des juges,
des gênes [4], des potences et des bourreaux. Je veux faire
pendre tout le monde ; et si je ne retrouve mon argent, je
me pendrai moi-même après [5].

---

1. *Support*, protection. — 2. *La question*, la torture. — 3. *Ici*, l'acteur parle des spectateurs ; il joue avec la salle. — 4. *Gênes*, au sens
étymologique d'*instruments de torture*. — 5. Ce monologue est imité
de Plaute (*Aululaire*, v. 669-683) et de Larivey (*les Esprits*, acte III,
sc. 6).

ACTE CINQUIÈME

SCÈNE I

HARPAGON, LE COMMISSAIRE, SON CLERC

Le Commissaire. — Laissez-moi faire : je sais mon métier, Dieu merci. Ce n'est pas d'aujourd'hui que je me mêle de découvrir des vols ; et je voudrais avoir autant de sacs de mille francs que j'ai fait pendre de personnes.

Harpagon. — Tous les magistrats sont intéressés à prendre cette affaire en main ; et si l'on ne me fait retrouver mon argent, je demanderai justice de la justice.

Le Commissaire. — Il faut faire toutes les poursuites requises. Vous dites qu'il y avait dans cette cassette... ?

Harpagon. — Dix mille écus bien comptés.

Le Commissaire. — Dix mille écus !

Harpagon. — Dix mille écus !

Le Commissaire. — Le vol est considérable.

Harpagon. — Il n'y a pas de supplice assez grand pour l'énormité de ce crime ; et s'il demeure impuni, les choses les plus sacrées ne sont plus en sûreté.

Le Commissaire. — En quelles espèces était cette somme ?

Harpagon. — En bons louis d'or et pistoles bien trébuchantes [1].

Le Commissaire. — Qui soupçonnez-vous de ce vol ?

Harpagon. — Tout le monde ; et je veux que vous arrêtiez prisonniers la ville et les faubourgs.

Le Commissaire. — Il faut, si vous m'en croyez,

---

1. *Trébuchantes*. En frappant les monnaies, on leur donnait un léger excès de poids, le *trébuchant* ; le *trébuchet* était une petite balance destinée à peser les pièces d'or et d'argent, et les pistoles *trébuchantes* sont celles à qui l'usure n'a pas encore enlevé leur trébuchant.

n'effaroucher personne, et tâcher doucement d'attraper quelques preuves, afin de procéder après par la rigueur au recouvrement des deniers qui vous ont été pris.

SCÈNE II

MAITRE JACQUES, HARPAGON, LE COMMISSAIRE, SON CLERC

Maître Jacques. *au bout du théâtre, en se retournant du côté dont il sort.* — Je m'en vais revenir. Qu'on me l'égorge tout à l'heure; qu'on me lui fasse griller les pieds, qu'on me le mette dans l'eau bouillante, et qu'on me le pende au plancher.

Harpagon. — Qui? celui qui m'a dérobé?

Maître Jacques. — Je parle d'un cochon de lait que votre intendant me vient d'envoyer, et je veux vous l'accommoder à ma fantaisie.

Harpagon. — Il n'est pas question de cela; et voilà Monsieur à qui il faut parler d'autre chose.

Le Commissaire. — Ne vous épouvantez point, je suis un homme à ne vous point scandaliser [1], et les choses iront dans la douceur.

Maître Jacques. — Monsieur est de votre soupé?

Le Commissaire. — Il faut ici, mon cher ami, ne rien cacher à votre maître.

Maître Jacques. — Ma foi! Monsieur je montrerai tout ce que je sais faire, et je vous traiterai du mieux qu'il me sera possible.

Harpagon. — Ce n'est pas là l'affaire.

Maître Jacques. — Si je ne vous fais pas aussi bonne chère que je voudrais, c'est la faute de Monsieur votre intendant, qui m'a rogné les ailes avec les ciseaux de son économie.

Harpagon. — Traître, il s'agit d'autre chose que de

1. *Scandaliser,* avait souvent le sens de *faire affront, diffamer.*

souper; et je veux que tu me dises des nouvelles de l'argent qu'on m'a pris.

Maître Jacques. — On vous a pris de l'argent?

Harpagon. — Oui, coquin; et je m'en vais te pendre, si tu ne me le rends.

Le Commissaire. — Mon Dieu! ne le maltraitez point. Je vois à sa mine qu'il est honnête homme et que, sans se faire mettre en prison, il vous découvrira ce que vous voulez savoir. Oui, mon ami, si vous nous confessez la chose, il ne vous sera fait aucun mal, et vous serez récompensé comme il faut par votre maître. On lui a pris aujourd'hui son argent, et il n'est pas que vous ne sachiez quelques nouvelles de cette affaire.

Maître Jacques. — Voici justement ce qu'il me faut pour me venger de notre intendant; depuis qu'il est entré céans [1], il est le favori, on n'écoute que ses conseils; et j'ai aussi sur le cœur les coups de tantôt.

Harpagon. — Qu'as-tu à ruminer?

Le Commissaire. — Laissez-le faire : il se prépare à vous contenter, et je vous ai bien dit qu'il était honnête homme.

Maître Jacques. — Monsieur, si vous voulez que je vous dise les choses, je crois que c'est Monsieur votre cher intendant qui a fait le coup.

Harpagon. — Valère.

Maître Jacques. — Oui.

Harpagon. — Lui, qui me paraît si fidèle?

Maître Jacques. — Lui-même. Je crois que c'est lui qui vous a dérobé.

Harpagon. — Et sur quoi crois-tu?

Maître Jacques. — Sur quoi?

Harpagon. — Oui.

Maître Jacques. — Je le crois... sur ce que je crois.

Le Commissaire. — Mais il est nécessaire de dire les indices que vous avez.

1. *Céans*, ici (latin, *ecce intus*).

Harpagon. — L'as-tu vu rôder autour du lieu où j'avais mis mon argent?

Maître Jacques. — Oui, vraiment. Où était-il votre argent?

Harpagon. — Dans le jardin.

Maître Jacques. — Justement; je l'ai vu rôder dans le jardin. Et dans quoi est-ce que cet argent était?

Harpagon. — Dans une cassette.

Maître Jacques. — Voilà l'affaire; je lui ai vu une cassette.

Harpagon. — Et cette cassette, comment est-elle faite? Je verrai bien si c'est la mienne.

Maître Jacques. — Comment elle est faite?

Harpagon. — Oui.

Maître Jacques. — Elle est faite... elle est faite comme une cassette.

Le Commissaire. — Cela s'entend. Mais dépeignez-la un peu, pour voir.

Maître Jacques. — C'est une grande cassette.

Harpagon. — Celle qu'on m'a volée est petite.

Maître Jacques. — Eh! oui, elle est petite, si on le veut prendre par là; mais je l'appelle grande pour ce qu'elle contient.

Le Commissaire. — Et de quelle couleur est-elle?

Maître Jacques. — De quelle couleur?

Le Commissaire. — Oui.

Maître Jacques. — Elle est de couleur... là, d'une certaine couleur... Ne sauriez-vous m'aider à dire?

Harpagon. — Euh?

Maître Jacques. — N'est-elle pas rouge?

Harpagon. — Non, grise.

Maître Jacques. — Eh! oui, gris-rouge : c'est ce que je voulais dire.

Harpagon. — Il n'y a point de doute : c'est elle assurément. Écrivez, Monsieur, écrivez sa déposition. Ciel ! à qui désormais se fier ? Il ne faut plus jurer de rien ; et je crois après cela que je suis homme à me voler moi-même.

Maître Jacques. — Monsieur, le voici qui revient. Ne lui allez pas dire au moins que c'est moi qui vous ai découvert cela.

SCÈNE III

HARPAGON, VALÈRE, LE COMMISSAIRE, SON CLERC, MAITRE JACQUES

Harpagon. — Approche : viens confesser l'action la plus noire, l'attentat le plus horrible qui jamais ait été commis [1].

Valère. — Que voulez-vous, Monsieur ?

Harpagon. — Comment, traître, tu ne rougis pas de ton crime ?

Valère. — De quel crime voulez-vous donc parler ?

Harpagon. — De quel crime je veux parler, infâme ? comme si tu ne savais pas ce que je veux dire. C'est en vain que tu prétendrais de [2] le déguiser : l'affaire est découverte et l'on vient de m'apprendre tout. Comment abuser ainsi de ma bonté, et s'introduire exprès chez moi pour me trahir ? pour me jouer un tour de cette nature ?

Valère. — Monsieur, puisqu'on vous a découvert tout, je ne veux point chercher de détours et vous nier la chose.

Maître Jacques (*à part*). — Oh ! oh ! aurais-je deviné sans y penser ?

Valère. — C'était mon dessein de vous en parler, et je voulais attendre pour cela des conjonctures favorables ; mais puisqu'il est ainsi, je vous conjure de ne vous point fâcher, et de vouloir entendre mes raisons.

Harpagon. — Et quelles belles raisons peux-tu me donner, voleur infâme ?

---

1. L'idée du *quiproquo* suivant, entre le vol de la cassette et l'amour de Valère pour Élise, est empruntée à Plaute (*Aululaire*, IV, 10). — 2. *Prétendrais de...* tu aurais la prétention de.

Valère. — Ah ! Monsieur, je n'ai pas mérité ces noms. Il est vrai que j'ai commis une offense envers vous ; mais, après tout, ma faute est pardonnable.

Harpagon. — Comment, pardonnable ? Un guet-apens ? un assassinat de la sorte ?

Valère. — De grâce, ne vous mettez point en colère. Quand vous m'aurez ouï [1], vous verrez que le mal n'est pas si grand que vous le faites.

Harpagon. — Le mal n'est pas si grand que je le fais ? Quoi ? mon sang, mes entrailles, pendard [2] ?

Valère. — Votre sang, Monsieur, n'est pas tombé dans de mauvaises mains. Je suis d'une condition à ne lui point faire de tort, et il n'y a rien en tout ceci que je ne puisse bien réparer.

Harpagon. — C'est bien mon intention, et que tu me restitues ce que tu m'as ravi.

Valère. — Votre honneur, Monsieur, sera pleinement satisfait.

Harpagon. — Il n'est point question d'honneur là-dedans. Mais dis-moi, qui t'a porté à cette action ?

Valère. — Hélas ! me le demandez-vous ?

Harpagon. — Oui, vraiment je te le demande.

Valère. — Un dieu qui porte les excuses de tout ce qu'il fait faire : l'Amour.

Harpagon. — L'Amour ?

Valère. — Oui.

Harpagon. — Bel amour, bel amour, ma foi ! l'amour de mes louis d'or.

Valère. — Non, Monsieur, ce ne sont point vos richesses qui m'ont tenté ; ce n'est pas cela qui m'a ébloui, et je proteste de ne prétendre rien à tous vos biens pourvu que vous me laissiez celui que j'ai.

— **1.** *Ouï*, écouté. Cf. p. 14, note 3. — **2.** Ici l'équivoque n'est plus une bouffonnerie : elle part d'un admirable *mot de nature.*

Harpagon. — Non ferai [1], de par tous les diables ! je ne te le laisserai pas. Mais voyez quelle insolence de vouloir retenir le vol qu'il m'a fait !

Valère. — Appelez-vous cela un vol ?

Harpagon. — Si je l'appelle un vol ? Un trésor comme celui-là !

Valère. — C'est un trésor, il est vrai, et le plus précieux que vous ayez sans doute : mais ce ne sera pas le perdre que de me le laisser. Je vous le demande à genoux, ce trésor plein de charmes ; et pour bien faire, il faut que vous me l'accordiez.

Harpagon. — Je n'en ferai rien. Qu'est-ce à dire cela ?

Valère. — Nous nous sommes promis une foi mutuelle, et avons fait serment de ne nous point abandonner.

Harpagon. — Le serment est admirable, et la promesse plaisante !

Valère. — Oui, nous nous sommes engagés d'être [2] l'un à l'autre à jamais.

Harpagon. — Je vous en empêcherai bien, je vous assure.

Valère. — Rien que la mort ne nous peut séparer.

Harpagon. — C'est être bien endiablé après mon argent.

Valère. — Je vous ai déjà dit, Monsieur, que ce n'était point l'intérêt qui m'avait poussé à faire ce que j'ai fait. Mon cœur n'a point agi par les ressorts que vous pensez, et un motif plus noble m'a inspiré cette résolution.

Harpagon. — Vous verrez que c'est par charité chrétienne qu'il veut avoir mon bien ; mais j'y donnerai bon ordre ; et la justice, pendard effronté, me va faire raison de tout.

Valère. — Vous en userez comme vous voudrez, et me voilà prêt à souffrir toutes les souffrances qu'il vous plaira ; mais je vous prie de croire, au moins, que, s'il y a du mal,

---

1. *Non ferai.* Tour négatif elliptique, plus vif que : *je n'en ferai rien.* — 2. *Engagés de* pour *engagés à.* Les deux constructions étaient alors en usage.

ce n'est que moi qu'il faut accuser, et que votre fille en tout ceci n'est aucunement coupable.

Harpagon. — Je le crois bien, vraiment; il serait fort étrange que ma fille eût trempé dans ce crime. Mais je veux ravoir mon affaire et que tu me confesses en quel endroit tu me l'as enlevée.

Valère. — Moi, je ne l'ai point enlevée, et elle est encore chez vous.

Harpagon, *à part.* — O ma chère cassette ! (*Haut.*) Elle n'est point sortie de ma maison ?

Valère. — Non, monsieur.

Harpagon. — Hé ! dis-moi donc un peu, tu n'y as point touché ?

Valère. — Moi, y toucher ! Ah ! vous lui faites tort, aussi bien qu'à moi; et c'est d'une ardeur toute pure et respectueuse que j'ai brûlé pour elle.

Harpagon, *à part.* — Brûlé pour ma cassette !

Valère. — J'aimerais mieux mourir que de lui avoir fait paraître aucune pensée offensante : elle est trop sage et trop honnête pour cela.

Harpagon, *à part.* — Ma cassette trop honnête !

Valère. — Tous mes désirs se sont bornés à jouir de sa vue; et rien de criminel n'a profané la passion que ses beaux yeux m'ont inspirée.

Harpagon, *à part.* — Les beaux yeux de ma cassette ! Il parle d'elle comme un amant d'une maîtresse.

Valère. — Dame Claude, Monsieur, sait la vérité de cette aventure, et elle peut vous rendre témoignage...

Harpagon. — Quoi ? ma servante est complice de l'affaire ?

Valère. — Oui, Monsieur, elle a été témoin de notre engagement; et c'est après avoir connu l'honnêteté de ma flamme, qu'elle m'a aidé à persuader votre fille de me donner sa foi et recevoir la mienne.

Harpagon, *à part.* — Eh ? Est-ce que la peur de la

justice le fait extravaguer ? (*A Valère.*) Que nous brouilles-tu ci de [1] ma fille ?

Valère. — Je dis, Monsieur, que j'ai eu toutes les peines du monde à faire consentir sa pudeur à ce que voulait mon amour.

Harpagon. — La pudeur de qui ?

Valère. — De votre fille ; et c'est seulement depuis hier qu'elle a pu se résoudre à nous signer mutuellement une promesse de mariage.

Harpagon. — Ma fille t'a signé une promesse de mariage !

Valère. — Oui, Monsieur, comme de ma part, je lui en ai signé une.

Harpagon. — O Ciel ! autre disgrâce !

Maître Jacques, *au Commissaire.* — Écrivez, Monsieur, écrivez.

Harpagon. — Rengrégement [2] de mal ! surcroît de désespoir ! Allons, Monsieur, faites le dû [3] de votre charge et dressez-lui-moi son procès, comme larron et comme suborneur.

Valère. — Ce sont des noms qui ne me sont point dus et quand on saura qui je suis... [4].

SCÈNE IV

ÉLISE, MARIANE, FROSINE, HARPAGON, VALÈRE, MAITRE JACQUES, LE COMMISSAIRE, SON CLERC

Harpagon. — Ah ! fille scélérate ! fille indigne d'un père comme moi ! c'est ainsi que tu pratiques les leçons que je t'ai données ? Tu te laisses prendre d'amour pour un voleur infâme, et tu lui engages ta foi sans mon consente-

---

1. *De*, au sujet de. — 2. *Rengrégement*, augmentation. La Fontaine emploie le verbe *rengréger* (*Contes*, V, 6). — 3. *Le dû*, les obligations. — 4. Ceci est destiné à préparer la *reconnaissance*.

ment ? Mais vous serez trompés l'un et l'autre. Quatre bonnes murailles [1] me répondront de ta conduite ; et une bonne potence, pendard effronté, me fera raison de ton audace.

Valère. — Ce ne sera point votre passion qui jugera l'affaire et l'on m'écoutera, au moins, avant que de me condamner.

Harpagon. — Je me suis abusé de dire une potence, et tu seras roué tout vif.

Élise, *à genoux devant son père.* — Ah ! mon père, prenez des sentiments un peu plus humains, je vous prie, et n'allez point pousser les choses dans les dernières violences du pouvoir paternel. Ne vous laissez point entraîner aux premiers mouvements de votre passion, et donnez-vous le temps de considérer ce que vous voulez faire. Prenez la peine de mieux voir celui dont vous vous offensez : il est tout autre que vos yeux ne le jugent ; et vous trouverez moins étrange que je me sois donnée à lui, lorsque vous saurez que sans lui vous ne m'auriez plus, il y a longtemps. Oui, mon père, c'est lui qui me sauva de ce grand péril que vous savez que je courus dans l'eau, et à qui vous devez la vie de cette même fille dont...

Harpagon. — Tout cela n'est rien ; il valait bien mieux pour moi qu'il te laissât noyer que de faire ce qu'il a fait.

Élise. — Mon père, je vous conjure, par l'amour paternel, de me...

Harpagon. — Non, non, je ne veux rien entendre ; et il faut que la justice fasse son devoir.

Maître Jacques, *à part.* — Tu me payeras mes coups de bâton.

Frosine (*à part*). — Voici un étrange embarras.

1. Un couvent.

SCÈNE V

ANSELME, HARPAGON, ÉLISE, MARIANE, FROSINE, VALÈRE, MAITRE JACQUES, LE COMMISSAIRE, SON CLERC

Anselme. — Qu'est-ce, seigneur Harpagon ? je vous vois tout ému.

Harpagon. — Ah ! seigneur Anselme, vous me voyez le plus infortuné de tous les hommes ; et voici bien du trouble et du désordre au contrat que vous venez faire ! On m'assassine dans le bien, on m'assassine dans l'honneur ; et voilà un traître, un scélérat, qui a violé tous les droits les plus saints, qui s'est coulé chez moi sous le titre de domestique [1] pour me dérober mon argent et pour me suborner ma fille.

Valère. — Qui songe à votre argent, dont vous me faites un galimatias ?

Harpagon. — Oui, ils se sont donné l'un à l'autre une promesse de mariage. Cet affront vous regarde, seigneur Anselme, et c'est vous qui devez vous rendre partie [2] contre lui, et faire toutes les poursuites de la justice pour vous venger de son insolence.

Anselme. — Ce n'est pas mon dessein de me faire épouser par force et de rien [3] prétendre à un cœur qui se serait donné : mais pour vos intérêts, je suis prêt à les embrasser ainsi que les miens propres.

Harpagon. — Voilà, Monsieur, qui est un honnête commissaire, qui n'oubliera rien, à ce qu'il m'a dit, de la fonction de son office. Chargez-le comme il faut, Monsieur, et rendez les choses bien criminelles.

Valère. — Je ne vois pas quel crime on me peut faire de la passion que j'ai pour votre fille ; et le supplice où vous croyez que je puisse être condamné par notre engagement, lorsqu'on saura ce que je suis...

---

1. *Domestique.* Cf. page 12, note 6. — 2. *Partie*, adversaire en justice. Cf. *le Cid* : Va, je suis ta *partie* et non pas ton bourreau. — 3. *Rien*, quelque chose (sens étymologique latin, *rem*).

Harpagon. — Je me moque de tous ces contes; et le monde aujourd'hui n'est plein que de ces larrons de noblesse, que de ces imposteurs, qui tirent avantage de leur obscurité, et s'habillent insolemment du premier nom illustre qu'ils s'avisent de prendre.

Valère. — Sachez que j'ai le cœur trop bon [1] pour me parer de quelque chose qui ne soit point à moi, et que tout Naples peut rendre témoignage de ma naissance.

Anselme. — Tout beau! prenez garde à ce que vous allez dire. Vous risquez ici plus que vous ne pensez; et vous parlez devant un homme à qui tout Naples est connu, et qui peut aisément voir clair dans l'histoire que vous ferez.

Valère, *en mettant fièrement son chapeau.* — Je ne suis point homme à craindre, et si Naples vous est connu, vous savez qui était Dom Thomas d'Alburcy.

Anselme. — Sans doute, je le sais; et peu de gens l'ont connu mieux que moi.

Harpagon. — Je ne me soucie ni de Dom Thomas ni de Dom Martin.

Anselme. — De grâce, laissez-le parler, nous verrons ce qu'il en veut dire.

Valère. — Je veux dire que c'est lui qui m'a donné le jour.

Anselme. — Lui?

Valère. — Oui.

Anselme. — Allez; vous vous moquez. Cherchez quelque autre histoire qui vous puisse mieux réussir, et ne prétendez pas vous sauver sous cette imposture.

Valère. — Songez à mieux parler. Ce n'est point une imposture; et je n'avance rien ici qu'il ne me soit aisé de justifier.

Anselme. — Quoi? vous osez vous dire fils de Dom Thomas d'Alburcy?

Valère. — Oui, je l'ose; et je suis prêt de soutenir cette vérité contre qui que ce soit.

---

1. *Bon,* noble, brave.

Anselme. — L'audace est merveilleuse. Apprenez, pour vous confondre, qu'il y a seize ans pour le moins que l'homme dont vous nous parlez périt sur mer avec ses enfants et sa femme, en voulant dérober leur vie aux cruelles persécutions qui ont accompagné les désordres de Naples [1] et qui en firent exiler plusieurs nobles familles.

Valère. — Oui ; mais apprenez, pour vous confondre, vous, que son fils, âgé de sept ans, avec un domestique, fut sauvé de ce naufrage par un vaisseau espagnol, et que ce fils sauvé est celui qui vous parle ; apprenez que le capitaine de ce vaisseau, touché de ma fortune, prit amitié pour moi, qu'il me fit élever comme son propre fils, et que les armes furent mon emploi dès que je m'en trouvai capable ; que j'ai su depuis peu que mon père n'était point mort, comme je l'avais toujours cru ; que passant ici pour l'aller chercher, une aventure, par le Ciel concertée, me fit voir la charmante Élise ; que cette vue me rendit esclave de ses beautés ; et que la violence de mon amour, et les sévérités de son père me firent prendre la résolution de m'introduire dans son logis et d'envoyer un autre à la quête de mes parents.

Anselme. — Mais quels témoignages encore, autres que vos paroles, nous peuvent assurer que ce ne soit point une fable que vous ayez bâtie sur une vérité ?

Valère. — Le capitaine espagnol ; un cachet de rubis qui était à mon père ; un bracelet d'agate que ma mère m'avait mis au bras ; le vieux Pedro, ce domestique qui se sauva avec moi du naufrage.

Mariane. — Hélas ! à vos paroles je puis ici répondre, moi, que n'imposez point ; et tout ce que vous dites me fait connaître clairement que vous êtes mon frère.

Valère. — Vous, ma sœur ?

Mariane. — Oui. Mon cœur s'est ému dès le moment que vous avez ouvert la bouche ; et notre mère, que vous allez ravir, m'a mille fois entretenue des disgrâces de notre famille. Le Ciel ne nous fit point aussi [2] périr dans ce triste naufrage ;

---

1. *Les désordres de Naples.* Probablement la révolution de Masaniello (1647-48). — 2. *Aussi* est fréquemment employé, au XVIIe siècle, là où nous mettrions *non plus.*

mais il ne nous sauva la vie que par la perte de notre liberté;
et ce furent des corsaires qui nous recueillirent ma mère et
moi, sur un débris de notre vaisseau. Après dix ans d'escla-
vage, une heureuse fortune nous rendit notre liberté, et nous
retournâmes dans Naples, où nous trouvâmes tout notre bien
vendu, sans y pouvoir trouver des nouvelles de notre père.
Nous passâmes à Gênes, où ma mère alla ramasser quelques
malheureux restes d'une succession qu'on avait déchirée;
et de là, fuyant la barbare injustice de ses parents, elle vint en
ces lieux, où elle n'a presque vécu que d'une vie languissante.

Anselme. — O Ciel! quels sont les traits de ta puissance! et que tu fais bien voir qu'il n'appartient qu'à toi de
faire des miracles! Embrassez-moi, mes enfants, et mêlez
tous deux vos transports à ceux de votre père.

Valère. — Vous êtes notre père?

Mariane. — C'est vous que ma mère a tant pleuré?

Anselme. — Oui, ma fille, oui mon fils; je suis Dom
Thomas d'Alburcy, que le Ciel garantit des ondes avec tout
l'argent qu'il portait et qui, vous ayant tous crus morts
durant plus de seize ans, se préparait après de longs voyages,
à chercher dans l'hymen d'une douce et sage personne la
consolation de quelque nouvelle famille. Le peu de sûreté
que j'ai vu pour ma vie à retourner à Naples, m'a fait y
renoncer pour toujours; et ayant su trouver moyen d'y faire
vendre ce que j'avais, je me suis habitué ici, sous le nom
d'Anselme, j'ai voulu m'éloigner [1] les chagrins de cet autre
nom qui m'a causé tant de traverses.

Harpagon. — C'est là votre fils?

Anselme. — Oui.

Harpagon. — Je vous prends à partie, pour me payer
dix mille écus qu'il m'a volés.

Anselme. — Lui, vous avoir volé?

Harpagon. — Lui-même.

Valère. — Qui vous dit cela?

Harpagon. — Maître Jacques.

---

1. *M'éloigner*, pour *éloigner de moi*.

Valère, *à maître Jacques.* — C'est toi qui le dis ?

Maître Jacques. — Vous voyez que je ne dis rien.

Harpagon. — Oui. Voilà Monsieur le Commissaire qui a reçu sa déposition.

Valère. — Vous pouvez me croire capable d'une action si lâche ?

Harpagon. — Capable ou non capable, je veux ravoir mon argent.

SCÈNE VI

CLÉANTE, VALÈRE, MARIANE, ÉLISE, FROSINE, HARPAGON, ANSELME, MAITRE JACQUES, LA FLÈCHE, LE COMMISSAIRE, SON CLERC

Cléante. — Ne vous tourmentez point, mon père, et n'accusez personne. J'ai découvert des nouvelles de votre affaire, et je viens ici pour vous dire que, si vous voulez vous résoudre à me laisser épouser Mariane, votre argent vous sera rendu.

Harpagon. — Où est-il ?

Cléante. — Ne vous en mettez point en peine : il est en lieu [1] dont je réponds, et tout ne dépend que de moi. C'est à vous de me dire à quoi vous vous déterminez; et vous pouvez choisir, ou de me donner Mariane, ou de perdre votre cassette.

Harpagon. — N'en a-t-on rien ôté ?

Cléante. — Rien du tout. Voyez si c'est votre dessein de souscrire à ce mariage, et de joindre votre consentement à celui de sa mère, qui lui laisse la liberté de faire un choix entre nous deux.

Mariane. — Mais vous ne savez pas que ce n'est pas assez que ce consentement et que le Ciel, avec un frère que

---

1. *En lieu.* Nous disons : *en lieu sûr*, mais : *en un lieu dont...*

vous voyez, vient de me rendre un père dont vous avez à m'obtenir.

Anselme. — Le Ciel, mes enfants, ne me redonne point à vous pour être contraire à vos vœux. Seigneur Harpagon, vous jugez bien que le choix d'une jeune personne tombera sur le fils plutôt que sur le père. Allons, ne vous faites point dire ce qu'il n'est pas nécessaire d'entendre, et consentez ainsi que moi à ce double hyménée.

Harpagon. — Il faut, pour me donner conseil, que je voie ma cassette.

Cléante. — Vous la verrez saine et entière.

Harpagon. — Je n'ai point d'argent à donner en mariage à mes enfants [1].

Anselme. — Hé bien ! j'en ai pour eux : que cela ne vous inquiète point.

Harpagon. — Vous obligerez-vous à faire tous les frais de ces deux mariages ?

Anselme. — Oui. Je m'y oblige : êtes-vous satisfait ?

Harpagon. — Oui, pourvu que pour les noces vous me fassiez faire un habit.

Anselme. — D'accord. Allons jouir de l'allégresse que cet heureux jour nous présente.

Le Commissaire. — Holà ! Messieurs, holà ! tout doucement, s'il vous plaît : qui me payera mes écritures [2] ?

Harpagon. — Nous n'avons que faire de vos écritures.

Le Commissaire. — Oui ! mais je ne prétends pas, moi, les avoir faites pour rien.

Harpagon, *montrant maître Jacques.* — Pour votre payement, voilà un homme que je vous donne à pendre.

Maître Jacques. — Hélas ! Comment faut-il donc

---

1. Ce refus de dot est imité de *l'Aululaire.* Mais il prend ici, étant donné la richesse d'Harpagon, une tout autre signification. — **2.** *Mes écritures.* Le Commissaire a écrit les dépositions d'Harpagon et de maître Jacques, et l'interrogatoire de Valère.

faire? On me donne des coups de bâton pour dire vrai, et on me veut pendre pour mentir.

Anselme. — Seigneur Harpagon, il faut lui pardonner cette imposture.

Harpagon. — Vous payerez donc le Commissaire?

Anselme. — Soit. Allons vite faire part de notre joie à votre mère.

Harpagon. — Et moi, voir ma chère cassette.

SUJETS DE COMPOSITION FRANÇAISE

SUR

MOLIÈRE

1º Que savez-vous de la biographie de Molière ? Vous semble-t-il qu'il se soit inspiré de sa propre personne, de sa famille, de ses amis, dans quelques-unes de ses comédies ?

2º Le caractère de Molière. N'est-il pas singulier que ce « maître du rire au théâtre », ait été un malade et un mélancolique ?

3º Molière comédien. Pourquoi, dans l'*Impromptu de Versailles*, a-t-il tourné en ridicule les acteurs de l'Hôtel de Bourgogne ? Peut-on, en raisonnant sur ces critiques, se figurer ce qu'il était lui-même au théâtre ?

4º Molière et les Anciens. Quels sont les poètes grecs et latins qu'il a imités ?

5º Molière et l'Italie. Distinguer dans son répertoire ce qu'il emprunte aux conventions de la Comédie italienne.

6º Molière et les règles du théâtre. Analyser *la Critique de l'École des femmes*, et dire quelles sont les théories qui s'en dégagent.

7º Molière *contemplateur*. Ne trouve-t-on pas chez lui tout un tableau de la Société du XVIIᵉ siècle ? Signaler *avec précision* tout ce que nous apprenons, grâce à Molière, sur la vie privée et publique de ses contemporains.

(*Grenoble*, juin 1931.)

8º Molière peintre de l'*homme en général*. Sous les costumes et les travers passagers de ses personnages, il a analysé le fonds permanent de l'humanité.

9º Sainte-Beuve a dit : « Si les nations cherchaient quel est l'écrivain qui les représente le mieux, l'Angleterre nommerait son Shakespeare ; l'Allemagne, son Gœthe ; la France n'hésiterait pas : elle proclamerait Molière. »

(*Nancy*, 1920.)

10º « Il ne faut pas, dit Voltaire, qu'un personnage de comédie songe à être spirituel ; il faut qu'il soit plaisant malgré lui, et sans croire l'être. » Cherchez dans la comédie de Molière des exemples à l'appui de cette opinion.

(*Montpellier*, juin 1932.)

11° Discuter l'opinion de Boileau sur les farces de Molière (*Art poét.*, ch. III, v. 399-400.)

Dans ce sac ridicule où Scapin s'enveloppe,
Je ne reconnais plus l'auteur du *Misanthrope*.

(*Clermont*, juin 1931.)

12° Discuter les reproches adressés au style de Molière par La Bruyère (ch. I, n° 38) et par Fénelon (*Lettre à l'Académie*, § VII).

(*Grenoble*, 1912).

13° Expliquer ces réflexions de V. Hugo (note de la *Préface de Cromwell*) : « D'où vient que Molière est bien plus vrai que nos tragiques ? D'où vient qu'il est presque toujours vrai ? C'est que, tout emprisonné qu'il est par les préjugés de son temps en deçà du pathétique et du terrible, il n'en mêle pas moins à ses grotesques des scènes d'une grande sublimité, qui complètent l'humanité dans ses drames. »

(*Lyon*, juin 1931.)

14° Discuter ce jugement de Stendhal : « La comédie du *Misanthrope* est comme un palais magnifique et splendide, construit à grands frais, et où je m'ennuie, où le temps ne marche pas. Celle des *Fourberies* est une jolie petite maison de campagne, un charmant cottage, où je me sens le cœur épanoui et où je ne songe à rien de grave. » (*Racine et Shakespeare*, II, 191).

Estimez-vous avec Stendhal que la réflexion empêche le rire ? A propos des pièces de Molière citées ici en particulier, n'y a-t-il pas lieu de distinguer diverses sortes de comique ? Vous direz en quoi consiste celui du *Misanthrope*.

(*Nancy*, juin 1931.)

15° « La Fontaine et Molière, a écrit Sainte-Beuve, on ne les sépare pas, on les aime ensemble. »

16° Dialogue entre Ménage et Chapelain après la première représentation des *Précieuses ridicules*.

(*Nancy*, oct. 1931.)

17° Un critique contemporain, Jules Lemaître, a écrit : « Molière, s'il revenait aujourd'hui, n'aurait aucun sérieux étonnement, à peine quelque petite surprise touchant l'application de la science à la commodité de la vie extérieure ; mais sur l'essentiel, il serait encore notre homme. »

(*Rennes*, oct. 1931.)

18° Riez-vous à la représentation de *Tartuffe* ? Et si oui, de quoi riez-vous ?

(*Caen*, juin 1932.)

19° Fénelon a écrit (*Lettre à l'Académie*, ch. VII) : « Molière a outré souvent les caractères : il a voulu, par cette liberté, plaire au parterre, frapper les spectateurs les moins délicats, et rendre le ridicule plus sensible. Mais quoiqu'on doive marquer chaque passion dans son plus fort degré et par ses traits les plus vifs, pour en mieux montrer l'excès et la difformité, on n'a pas besoin de forcer la nature et d'abandonner le vraisemblable. »

Vous rangez-vous à l'avis de Fénelon ?

(*Lille*, juin 1932.)

20º Lettre du prince de Conti à Molière parcourant la province avec sa troupe (1658). Il l'engage à venir se fixer à Paris, en lui montrant tous les avantages qu'il y trouvera comme auteur et comme acteur.

(*Paris*, juin 1932.)

21º Vous ferez, à la manière de La Bruyère, le portrait de l'un des personnages de Molière, pris, à votre choix, dans une de ses comédies.

(*Rennes*, oct. 1932).

22º Commenter, en vous référant à des exemples précis, les lignes suivantes du *Journal des Goncourt* (1860) :

« C'est un grand avènement de la bourgeoisie que Molière... J'y vois l'inauguration du bon sens et de la raison pratique, la fin de toute chevalerie et de toute poésie en toutes choses... Corneille est le dernier héraut de la noblesse. Molière est le premier poète des bourgeois. »

(*Grenoble*, juin 1933.)

23º Quels sont, dans le théâtre de Molière, les personnages pour lesquels, indépendamment de la beauté littéraire du portrait, vous éprouvez le plus de sympathie ? Quels motifs, tirés de leur caractère et de leur langage, avez-vous de les préférer ?

(*Lyon*, juin 1933.)

24º On lit dans *Tartuffe* :

Les hommes la plupart sont étrangement faits !
Dans la juste nature on ne les voit jamais,
Et la plus noble chose, ils la gâtent, souvent,
Pour la vouloir outrer et pousser trop avant.

Développez cette pensée au moyen d'exemples empruntés au théâtre de Molière.

(*Strasbourg*, oct. 1933.)

SUJETS DE COMPOSITION FRANÇAISE

SUR

L'AVARE

1º Étudier l'*exposition* de l'AVARE. Comment le spectateur apprend-il la situation d'Harpagon et celle de sa famille, avant que d'engager l'*action*?

2º Les principales *péripéties* de l'*action*. Montrer qu'elles sortent du *caractère* des personnages.

3º Le *dénouement* de l'AVARE. Discuter la *reconnaissance* finale : est-ce le véritable dénouement?

4º Harpagon, type de l'avare complet. Examiner en lui : *a*) l'homme *riche*, — *b*) le *père* de famille, — *c*) l'*amoureux*.

5º Quelle est l'importance, pour l'étude du caractère d'Harpagon : *a*) du *sans dot* (Acte I, sc. 5); *b*) du *mémoire* que lit La Flèche (Acte II, sc. 1.); *c*) du *Voir ma chère cassette* (Acte V, sc. 6.)?

6º Harpagon comparé à Euclion (PLAUTE, *Aulularia*). Des deux personnages, quel est le véritable avare?

7º Harpagon comparé au père Grandet (BALZAC, *Eugénie Grandet*). En tenant compte des différences entre le XVIIe et et le XIXe siècle, Grandet ne vous paraît-il pas aussi *typique* que Harpagon?

8º Appliquer à une étude de *l'Avare* ce proverbe connu : « *A père avare, enfant prodigue* ».

9º Les caractères de femmes dans *l'Avare* : Élise, Mariane, Frosine.

10º Les jeunes gens : Cléante, Valère. Quels sont les traits qui les distinguent des autres *amoureux* de Molière?

11º Le caractère et le rôle de maître Jacques, — de La Flèche.

——————— Imprimé en France ———————
TYPOGRAPHIE FIRMIN-DIDOT ET Cie. — MESNIL (EURE). — 4018/45
Nº 42 des travaux de la Librairie.
Dépôt légal : 2e trimestre 1945